EXPLORATION ON THE MODEL OF REFORM AND TRANSFORMATION OF
ADULT HIGHER EDUCATION INSTITUTIONS

成人高校改制转型的模式探索

苏泽庭 等◎著

浙江大学出版社

·杭州·

图书在版编目(CIP)数据

成人高校改制转型的模式探索 / 苏泽庭等著.
杭州：浙江大学出版社，2024.11. -- ISBN 978-7-308-25639-1

Ⅰ.G729.2

中国国家版本馆 CIP 数据核字第 2024U9D031 号

成人高校改制转型的模式探索

苏泽庭　等著

策划编辑	吴伟伟
责任编辑	刘婧雯
责任校对	梅　雪
封面设计	雷建军
出版发行	浙江大学出版社
	（杭州市天目山路 148 号　邮政编码 310007）
	（网址：http://www.zjupress.com）
排　　版	杭州星云光电图文制作有限公司
印　　刷	杭州钱江彩色印务有限公司
开　　本	710mm×1000mm　1/16
印　　张	12
字　　数	185 千
版 印 次	2024 年 11 月第 1 版　2024 年 11 月第 1 次印刷
书　　号	ISBN 978-7-308-25639-1
定　　价	68.00 元

版权所有　侵权必究　印装差错　负责调换

浙江大学出版社市场运营中心联系方式：0571-88925591；http://zjdxcbs.tmall.com

序　言

20世纪70年代,美国著名高等教育学家特罗(Martin Trow)根据不同时期高等教育发展的典型特征和表象提出了高等教育发展阶段论。他将高等教育整体发展划分为精英化(elite)、大众化(mass)和普及化(universal)三个阶段,不同发展阶段的高等教育的形态、特点和功能表现不尽相同,都会对学校人才培养规格、培养要求、社会经济结构等产生影响。毛入学率达到50%便是特罗界定的高等教育普及化阶段临界点。回顾我国高等教育发展历程,高校数量从新中国成立初期的205所[①]到2022年的3013所[②],高等教育毛入学率从0.26%[③]到2022年的59.6%[④],21世纪的中国无疑进入了一个高等教育快速普及化的时代。此后,随着时代发展、社会需求的变化和人们对高等教育发展规律认识的不断深化,特罗的高等教育发展阶段论已然不适用于我国高等教育的发展现状。当前,我国高等教育发展逐渐跨越单纯对量的追求,更加关注结构、公平和质量,党和人民对高等教育高质量发展的迫切需求取代了曾经"人人能上大学"的朴素愿景,成为我国高等教育迈入新阶段的核心目标与战略导

[①] 教育带动未来　新中国高等教育改革发展历程[EB/OL].(2021-01-06)[2024-03-25].http://about.china.com.cn/2021-01/06/content_75912031.htm.
[②] 中华人民共和国教育部.各级各类学校校数、教职工、专任教师情况[EB/OL].(2024-01-10)[2024-03-25].http://www.moe.gov.cn/jyb_sjzl/moe_560/2022/quanguo/202401/t20240110_1099540.html.
[③] 刘敏.中国高等教育发展的变与不变[N].中国教育报,2023-03-02.
[④] 中华人民共和国教育部.新闻发布会——介绍2022年全国教育事业发展基本情况[EB/OL].(2023-03-23)[2024-03-25].http://www.moe.gov.cn/fbh/live/2023/55167/mtbd/202303/t20230323_1052380.html.

向。21世纪的中国也迎来了一个高等教育高质量发展的时代。

高等教育的高质量发展是内涵式与多元化的发展,除普通高等教育外,属于国民教育序列与高等教育体系架构的成人高等教育也应以适应时代发展需求、实现高质量发展为旨归。作为成人高等教育实施的主要社会组织,成人高校能否突破人才培养单一化、片面化,办学体制僵化等诸多桎梏,满足社会发展对高水平、多元化人才的需求,直接关系到成人高等教育高质量发展的实现与我国高等教育高质量发展体系的建构与否。事实上,以紧缺型人才的速成培养为初衷而创建的成人高校因其自身办学性质的特殊性、局限性与普通高等教育的高质量发展方向天然相悖,并不适应我国高等教育高质量发展的整体需求。因此,只有加快自身的改制转型,从办学性质、办学定位等源头层面实现突破,成人高校才有适应时代发展需求、实现自身高质量发展的可能。

《成人高校改制转型的模式探索》一书在对成人高校的时代性与局限性进行充分认识的基础上,依托成人高校改制转型的发展途径,以宁波教育学院的改制转型为实践案例,系统呈现了以"宁波模式"为主的各类成人高校改制转型模式及实践案例,试图通过系统化、学理化的分析,提炼出我国成人高校合理改制转型的典型做法,推动我国高等教育高质量发展。总体而言,该书的主要特色可以归纳为如下几点。

其一,在呈现实践案例的同时兼顾了理论探索。该书以宁波教育学院改制为宁波幼儿师范高等专科学校的发展历程为主线,在系统阐述宁波教育学院的改制转型实践之余,兼顾了宏观上的成人高校改制转型的必要性、可行性分析,以及微观上的宁波教育学院改制转型措施的合理性分析。其中,对成人高校改制的公共组织变革理论、现代治理理论、生态学理论的论述和撤销型、合并型、转型型及保留型四种现存改制发展模式的归纳总结,使整本著作更为科学严谨,指导实践的能力进一步凸显。

其二,改制与转型一以贯之。该书着重阐述了宁波教育学院从做出改制决定到成功改制为宁波幼儿师范高等专科学校的具体过程,全篇内容在尊重客观事实的基础上夹叙夹议,在注重客观性和真实性的同时使行文具备了一定的可读性。同时,展现了宁波幼儿师范高等专科学校在改制成功后的发展蓝图,将该校从成人高校改制为普通高校后的顶层规划与相关依据逐一呈现,从制度设定到治理模式转型,从人才培养到校园文化更新的一系列规划与举措有效地为其他拟改制的成人高校提供了借鉴。

其三,注重历史回顾与现实反思。该书的重点虽是宁波教育学院改制为宁波幼儿师范高等专科学校后所形成的"宁波模式",但开篇则是立足于成人高校发展的历史,系统回顾了我国成人高校发展的起承转合,指出成人高校走向改制转型并非一蹴而就,而是有深厚的历史条件积淀与充分的理论实践根基。还针对"宁波模式"现有的规划问题与未来发展隐患做出了深刻反思,指出"宁波模式"只是一种值得借鉴的模式,成人高校改制转型是个生成性的过程,这种敢于自我批判的精神在任何著作中都是难能可贵的。

该书是响应时代发展和教育发展需求的一项探索,从成人高校改制的时代需求出发,从时代发展和社会发展的角度阐述了成人高校改制转型的历史必然,进而从相关理论和成人高校发展的生态来分析改制转型的基础,论证改制转型的合理性和恰切性。该书还结合成人高校改制转型的具体案例,将宏观和微观、理论和实践有机结合,论述了成人高校为何改制转型、如何改制转型、改制转型后如何发展等问题,在此基础上,提炼出成人高校改制转型的"宁波模式",为其他成人高校的改制转型提供了参考和借鉴,具有很强的理论价值和实践价值。这也是当前高等教育领域关注的重要内容,为推动区域高等教育发展做出了重要贡献。

是为序。

袁振国

2024 年 5 月

目 录

绪论 时代发展呼唤成人高校改制转型 ……………………… 1
   第一节 时代发展需要成人高校发展作支持 ……………… 1
   第二节 新时代发展亟须成人高校改制转型 ……………… 4
   第三节 成人高校改制转型的类型 ………………………… 7
   第四节 成人高校改制转型的价值与使命 ………………… 8

第一章 成人高校改制转型研究与实践 …………………… 10
   第一节 成人高校改制转型内涵解析 …………………… 10
   第二节 成人高校改制转型相关研究 …………………… 16
   第三节 我国成人高校改制转型的实践 ………………… 23

第二章 成人高校改制转型的理论基础与生态分析 ……… 30
   第一节 成人高校改制转型的理论基础 ………………… 30
   第二节 成人高校改制转型的生态分析 ………………… 42

第三章 宁波教育学院改制是历史的选择 ………………… 45
   第一节 宁波教育学院发展历史及其变革精神 ………… 45
   第二节 宁波教育学院改制的各方节点 ………………… 58

第四章 宁波教育学院改制转型的支点与突破 …………… 68
   第一节 基于办学定位的改制转型蓝图 ………………… 68
   第二节 改制转型路径的选择 …………………………… 82
   第三节 改制转型困境的突破 …………………………… 117

第五章 学校改制转型后的探索及阶段发展成就 …………… 123
  第一节 改制转型后的探索 …………………………………… 123
  第二节 改制转型后取得的阶段性成就 ……………………… 136

第六章 成人高校改制转型的"宁波模式"总结 ……………… 147
  第一节 "宁波模式"的基本内涵 …………………………… 147
  第二节 "宁波模式"形成的核心要素 ……………………… 152
  第三节 "宁波模式"的遗憾与展望 ………………………… 168

参考文献 ………………………………………………………… 170

附　录 …………………………………………………………… 174

后　记 …………………………………………………………… 185

绪论　时代发展呼唤成人高校改制转型

成人高等教育是中国高等教育体系的一个重要组成部分,隶属于国民教育序列,所提供的是成人教育中的高层次教育。成人高等教育的培养对象是全体社会成员,培养目标是满足成年人的学历和非学历需求,进一步提升自身素养和满足职业发展需要,其教学方式灵活多样,办学模式多与区域发展和行业需求相适应,是我国培养专门人才的主要途径之一。

作为承担成人高等教育的主要社会组织,成人高校曾在我国紧缺人才培养及社会主义现代化建设等方面发挥过重要作用。然而,伴随着时代的发展,人才培养的多样化需求以及社会建设的高质量要求使得成人高校自身的局限性日益凸显,无法适应当前我国高等教育普及化的趋势。因此,面对时代的新需要,成人高校已到了改制转型的必然时期。

第一节　时代发展需要成人高校发展作支持

何为成人高校?《中国城市统计年鉴—2012》的主要统计指标对成人高校的解释是:"按照国务院有关规定,经省、自治区、直辖市人民政府和国务院有关部、委批准举办,招收高中毕业或同等学力者,利用脱产、半脱产、业余或函授多种形式对成人实施高等教育,培养相当于普通高等学校专科毕业水平的专业人才,修业年限、课程设置和总学时相当二年以上的学校。包括广播电视大学、职工高等学校、管理干部学校、教育(教师进修)

学校、独立设置的函授学院和高等学校举办的函授部、夜大学等。"①其中，成人教育学院是由地方政府组织成立，以培训职后教师和教育行政干部等对象为主要目的的学校，是师范教育的重要组成部分，既有成人性质，又有师范性质，还有高教性质。我国成人教育学院的开办始于新中国成立初期。当时，面对教师资源匮乏的现实问题，各地、各区域相继成立了教师进修学校，采取了更加灵活的培训方式。大批的成人教育学院或将有一定教学基础的人培养为适应教学需求的老师，或将小学老师培训为中学老师，在很大程度上解决了师资紧缺的问题。教育（教师进修）学校在承担教师和教育行政人员培训任务的同时，也发挥着学历补偿教育的功能，为新中国的教育事业发展做出了巨大贡献。

成人高校不是我国独创，美国的社区学院和英国的开放大学在某种程度上类似于中国的成人高校。如建于 1910 年的美国圣保罗学院，是一所以职业技能教育、在职培训等为主的学院。社区学院和开放大学都具有灵活自主的办学模式，在学习方式、课程设置、学习对象、考核方式等方面，能随时关注市场变化和政策方针的调整，以更积极的姿态应对时代的挑战。

在半个多世纪的办学历史中，我国成人高校一直以时代、国家的需要为导向，积极应对国家和社会发展所带来的挑战，其发展历程可分为三个历史时期：社会主义建设初期、"文革"时期以及改革开放后的跨越式发展时期。

社会主义建设初期，国家百废待兴，人才需求量很大，但是当时的教育发展程度还不足以满足社会高速发展对专业性人才的需求。在此种情况下，成人高等教育迅速兴起，一些企业、工厂开始举办职工业余大学和职工大学，以尽快提高内部员工素质。尤其是 1955 年以后，职工大学数量剧增，开始逐渐遍布全国各地。1959 年 9 月，教育部在《关于夜大学仍应继续办下去，并力求办好的批复》中提出，"根据两条腿走路的方针，业余高等教育必须积极发展"。1960 年，北京成功开办全国第一所广播电视大学，随后，上海、哈尔滨、沈阳、长春和广州等地相继开办电视大学，成

---

① 国家统计局城市社会经济调查司.中国城市统计年鉴—2012[M].北京:中国统计出版社,2012:490.

为成人高等教育的重要组成部分。①

"文革"时期,成人高校受到重创,成人高等教育整体受到严重破坏。

改革开放后,我国成人高等教育、成人高校迅速发展。在1978年至1985年改革开放初期,我国政治、社会、经济等恢复发展,迫切需要大量人才投入改革开放中来,人才紧缺问题再次成为制约国家发展的一个重要因素。在此种情况下,成人高等教育、成人高校以其办学的灵活性和针对性对各行各业的人才培养发挥了重要作用。普通高校函授教育和夜大学逐步恢复,尤其是党的十一届三中全会后,独立设置的成人高校得以恢复并快速发展。1979年2月6日,中央广播电视大学和全国28所省级广播电视大学同时开学;1980年开始,各地区、各部门对成人高校进行了审批、复查、验收;1981年后,国家强调开展职工教育,要求有条件的厂矿、企业都要办一所职工大学,此时广播电视大学、普通高校函授教育和夜大学、职工大学、职工业余大学都恢复了发展,培养了一批技术骨干和领导干部,为改革开放做出了重要贡献。② 1985年至1995年的十年时间,是我国成人高等教育稳步发展的阶段。这一时期,独立设置的成人高校数量相对稳定,在普遍加强学校管理工作的同时,以岗位培训、继续教育、高考自考助学教育、文化补习、应试辅导为主的各类非学历教育发展迅速。③ 1995年之后,为适应社会主义市场经济的发展和社会进步的需要,终身教育进入人们的视野。在终身教育理念的引导下,成人高等教育、成人高校又相继做出调整。1999年1月,国务院转批的教育部《面向21世纪教育振兴行动计划》提出了建立终身学习体系的目标。2002年8月,《国务院关于大力推进职业教育改革与发展的决定》指出:"大中城市和经济发达地区要在继续发展中等职业教育和职业培训的同时,积极发展高等职业教育,有条件的市(地)可以举办综合性、社区性的职业技术学院。"

可以看出,作为我国教育体系的重要组成部分,成人高等教育、成人高校在各个历史时期都有着突出作用,为国家、社会的发展做出了重要贡献。

---

① 朱柳玉.我国独立设置成人高校转型发展研究[D].南昌:江西师范大学,2016.
② 朱柳玉.我国独立设置成人高校转型发展研究[D].南昌:江西师范大学,2016.
③ 朱柳玉.我国独立设置成人高校转型发展研究[D].南昌:江西师范大学,2016.

第二节　新时代发展亟须成人高校改制转型

成人高校不仅伴随着时代发展而发展，也以时代发展的需要为导向开展变革。随着改革开放的深入，国家和社会对参与现代化建设的适用性人才有了更高的综合素质要求，这意味包括成人高等教育在内的整个高等教育系统亟须应时而变。就成人高校而言，其变革的必要性根植于社会转型的发生之中。

首先，对成人高校提出转型发展要求是社会发展的历史必然。社会发展对高等教育包括成人高校都提出了不同的时代要求，高等教育包括成人高校也积极响应社会发展的需要，进行转型发展。我国高等教育从起步到大发展，大致发生了三次重大转型：第一次是20世纪20年代，我国高等教育向欧美模式转型，此次转型以1922年壬戌学制的颁布为标志；第二次是新中国成立后，向苏联模式转型，此次转型以1950年中国人民大学的成立和哈尔滨工业大学的改革为标志；第三次是以《中共中央关于教育体制改革的决定》为标志，我国高等教育走向自主探索模式的转型。[1] 随着普通高等教育的发展，尤其1999年高校扩招，普通高等教育给了更多人接受高等教育的机会。1998年之前，我国高等教育毛入学率仅为9.8%，1998年全国高校的招生人数为108万，1999年则招生159万人，比1998年增加了51万人，增幅达47.2%；到2002年，我国普通高校招生320万人，高等教育毛入学率已达到15%，正式进入大众化阶段。近年来，普通高等教育对生源的年龄等方面不再限制，这一数字仍在大跨步增长，2010年达到26.5%，2018年达到48.1%[2]，高等教育向普及化阶段快速迈进。尤其是党的十八大以来，我国高等教育快速发展。2018

---

[1] 周国平.地方高校转型发展问题研究述论[J].高等职业教育探索，2019(5)：43-48.

[2] 樊未晨，叶雨婷.从"文盲大国"到教育大国　新中国最大程度实现了教育公平[N].中国青年报，2021-06-21.

年,全国共有普通高等学校 2663 所,各类高等教育在学总规模达 3833 万人,规模居世界第一。① 普通高等教育办学规模的扩大,一方面是高等教育和社会进步的表现,另一方面也代表成人高等教育的一部分职能弱化。就学历教育而言,相比于成人高校,普通高校是承担国民学历教育的主体,成人高校则以实施学历补偿教育为主,即通过脱产、半脱产或者业余的方式开展学历教育。例如,2007 年公布的《教育部关于进一步加强部属高等学校成人高等教育和继续教育管理的通知》,只是规定部属高等学校停止开设各类脱产成人学历班。随着高等教育大众化的普及,成人高校的学历补偿教育的社会需求量越来越小,甚至很多高校已不再将学历教育作为继续教育的主要业务范围,而成人高等教育在学历教育方面存在的诸如系统性不够、师资不强、专业不多、办学资源不多等弊端也按下了成人高校改制转型的快进键。

其次,地方经济社会发展对成人高校越来越高的个性化需求,促使其改制转型。社会发展是高等教育包括成人教育发展的大背景,对高等教育和成人教育提出了一致的要求,而地方经济社会发展对成人高校提出的要求则相对个性化和具体化。当前,各地经济社会发展目标和定位都各有特色、各不相同,对生产人才的"母机"——高校来说,也提出了各具地方特色的办学需求。这是新的挑战,也是新的发展机遇。但不管是挑战还是机遇,总的趋势是,成人高校与地方经济社会发展越来越紧密地联系在一起,个性化需求也越来越强烈。传统的放之四海而皆准的一些办学观念、办学模式在新的形势背景下陷入了价值危机、资源危机、制度危机等困局,一成不变的办学模式已经不再适应新时代地方经济社会发展的需求。因此,只有加快成人高校改制转型,为地方经济社会发展培养所需要的人才,才能提升地方应对经济社会发展的需求和挑战的能力,进一步保持生存的活力。

再次,近年来我国职业教育的快速发展,在一定程度上冲击了成人高等教育的部分职能。近年来,国家对职业教育发展的重视程度越来越高。党的十八大以来,尤其是国务院颁布《国家职业教育改革实施方案》以来,

---

① 董鲁皖龙.扎根中国大地奋进强国征程——新中国 70 年高等教育改革发展历程[N].中国教育报,2019-09-22.

职业教育快速发展。2021年初,我国共有职业学校1.13万所,在校生3088万人,是世界上规模最大的职业教育体系。[①] 各级各类职业院校每年培养毕业生约1000万人,在现代制造业、战略性新兴产业和现代服务业等领域,一线新增从业人员70%以上来自职业院校;全国职业院校共开设1200多个专业和10万个专业点,基本覆盖了国民经济各领域。[②] 通过深化产教融合,职业院校与当地经济社会发展同频共振的格局清晰可见。另外,政府还积极鼓励和支持职业教育院校开展继续教育,这对于独立设置的成人高校来说无疑增添了不少竞争压力,在其传统办学项目方面形成了新的竞争力。

最后,现代化教育教学技术的运用,也在一定程度上冲击着成人高等教育,迫使成人高校进行改制转型。从办学形式来说,以往的成人高校采取广播、电视或者阶段性面授的方式开展教育,互联网技术迅速发展后,高等教育的教学方式和学习方式都产生了巨大变革,教学和学习工具更加多元、灵活,学习已经打破了时间和空间的限制,有某一方面专业提升或学历提升需求的人们有了更多的选择。因此,部分固守原有教学模式的成人高校的教学培训职能进一步被削弱。为此,依靠广播技术、电视技术,同时作为成人高等教育重要组成部分的广播电视大学突破了固有教学方式和学习方式的限制,采取更灵活的教学和学习工具。很多广播电视大学都已经更名为开放大学,在一定程度上实现了转型发展。可见,面对社会的新发展和新需求,改制转型已成为成人高校的必然选择。

概言之,成人高校改制转型需求的产生是时代发展、社会转型与成人高校自身发展状况等因素共同作用的结果。随着时代和高等教育的发展,成人高等教育原有功能在弱化或消失,教学方式和学习方式的转变,以及成人高等教育自身在办学、师资、规模等方面的局限性,使得成人高校改制转型的呼声越来越高。如同成人高等教育在不同历史时期的多次调整一样,改制转型是成人高校在新时期响应时代发展需要的又一次变革。

---

① 晋浩天.职业教育这十年:建设技能型社会 培养更多大国工匠[N].光明日报,2022-04-27.

② 丁雅诵.推进职业教育高质量发展[N].人民日报,2021-02-23.

第三节　成人高校改制转型的类型

何为改制？《辞海》解释为：一是指改变政治、经济等社会制度；二是改革现有体制。本书中的改制取义于"改革现有体制"，聚焦于成人高校体制、机制方面的改变。

何为转型？转型一词是从生物学演变而来的，原义是生物物种之间的变异，现在通常被定义为事物从一种形态转变为另外一种形态。[①] 转型可以是一个要素或某几个要素甚或一系列要素发生改变，所以，转型所能反映的现象比较广泛，既可以指程度较小的改变，也可以指程度较大的改变；既可以指局部转型，也可以指整体转型。具体到成人高校，则学校的办学目标、组织原则、教学任务、教学活动、教学模式、组织结构、运行机制等方面发生改变，都可以称为转型。

一般情况下，成人高校转型有以下几种取向：办学内容取向（如由学历教育转型为非学历教育）、办学形式取向（如由脱产教育转型为函授教育）、办学性质取向（如由成人高校转型为普通全日制高校或者转型为高等职业院校）。[②] 办学内容取向的转型和办学形式取向的转型体现了内容要素或者形式要素的变化，没有从根本上改变学校的性质，而办学性质取向的转型从根本上改变了学校的性质，体现了"质"的变化。所以，当成人高校在较小程度上进行量或要素的变化，而未涉及办学性质或办学体制时，"转型"一词可以进行描述，当在较大程度上进行变化，甚至出现了"质"的变化时，"改制"和"转型"在这个时空点就有了恰切的契合点。

尽管改制转型模式多样，但可以预见的是，无论成人高校采取何种改制转型方式，都不是由成人高校自身决定的。成人高校改制转型模式的

[①] 朱柳玉. 我国独立设置成人高校转型发展研究[D]. 南昌：江西师范大学，2016.
[②] 吴结，于蕾. 区域独立设置成人高校转型取向研究——以广东省为例[J]. 广东开放大学学报，2017(2)：1-6.

选择,不仅需要成人高校对自身的性质、服务人群、承担的使命等方面有清晰的认识和准确的定位,还需要结合国家教育政策的调整和时代的诉求,以及满足区域政治、经济、社会发展的需要,切合区域教育的资源和布局。成人高校在改制转型时对这些综合因素的全面考虑也再次验证了前面两个话题:成人高校必须和时代发展同步,因时代发展而创新和转型。

第四节 成人高校改制转型的价值与使命

一、推进国家发展战略落实

成人高校的转型发展不只是成人高校自身的事情,还涉及国家和社会的发展问题,涉及国家教育发展战略的整体实施和推进。例如,在社会主义改造时期,成人高校以培养各方面干部为重要任务;改革开放初期,成人高校主要提供学历补偿教育等。成人高校总是在国家发展战略的高度下认识自身的定位、使命,从而做出相应调整。另外,成人高校的发展也离不开国家政策的支持,因此,成人高校应在充分认识国家政策的基础上,保持与国家发展战略目标的一致性,以全局性、整体性的眼光看待发展前景,借鉴中外优秀办学经验,把握成人高校发展的时代脉搏,自觉研究社会对人才培养的需求,提高自身的创新力和竞争力。

在此过程中,成人高校的发展和国家发展战略的推进是相辅相成的。国家发展战略需要所有领域所有人的努力,包括成人高校的支持,成人高校也在推进国家发展战略过程中得以成长。成人高校要善于在此过程中抓住机遇。因此,成人高校的改制转型首先要以推进国家发展战略落实为使命。

二、促进区域经济社会发展

成人高校的发展离不开地方的支持。地方政府在成人高校的发展中起到支持者和推动者的作用。因此,成人高校必然有义务和责任反哺区域经济社会的发展,而这也正是高校的基本职能之一。

成人高校对推进国家发展战略的落实最基本的体现就是促进区域经济社会发展。成人高校作为地方高校,与区域经济社会的发展存在更为深刻的联系,不仅直接受地方管理,在人、财、物方面也依赖于地方的支持,而且其培养的绝大多数也是地方所需要的、所委托培养的人才。成人高校为地方培养越多高质量的人才,其品牌效应越明显,就更加能得到地方的支持。因此,成人高校改制转型发展也必然要将促进区域经济社会发展作为自己的使命,主动破解区域经济社会发展中存在的难题,创新性培养区域发展所需要的人才,为区域发展同时也为自身发展奠定基础。

三、促进自身主动、自觉、可持续发展

地方本科高校转型有几种模式:内源型模式和外源型模式,自发转型模式和自觉转型模式,深度转型模式和表浅转型模式,经验总结模式和前瞻指导模式。这几种模式均与转型发展的价值取向有关,我们称之为价值层面的转型发展模式。价值层面的转型有主动和被动之分。当前,不排除有一些成人高校的改制转型是被动的,是假转型、浅表转型,但是,从成人高校自身可持续发展的角度来说,我们更需要的是主动的、自觉的、有一定广度和深度的转型,更需要的是富有建设性和前瞻性的转型。主动、自觉寻求发展的机遇和契机,才能迅速在各种竞争中找到、找准自己的定位,抓住自身发展所需要的资源。

总之,成人高校必须对国家发展战略和社会发展做出回应,不管是主动还是被动,成人高校的转型发展应是一个不断求索奋进的常态化过程。既然如此,不如主动寻求发展机会,积极主动探索改制转型发展的新思路,在新的变局中,迅速开拓发展天地,引领新的发展变局。

第一章　成人高校改制转型研究与实践

　　当前,在社会转型加速推进和学习型社会建设的关键时期,成人高校的理论与实践的发展是实现终身教育的重要力量,也是高校服务社会的重要载体。为给成人高校的可持续发展提供新动能,有关成人高校改制转型的理论研究和实践探索正如火如荼地开展。本章主要运用文献研究法来重点解决三个关键问题:第一,高校改制转型与成人高校改制转型的内涵是什么?第二,成人高校改制转型的研究进程如何?第三,我国成人高校改制转型的实践可以分为哪几类?解决好这三个关键问题,不仅能让我们对成人高校改制转型的全局有一个理论与实践层面的基本了解,而且为下文的研究提供了一定的理论基石和实践借鉴。

第一节　成人高校改制转型内涵解析

　　成人高校作为成人高等教育实施的重要载体,其改制转型必须以一定的理性认识为引领,这不仅是改制转型的前提,也是改制转型过程中应遵循的核心。只有明确成人高校改制转型的基本规律,才能举一反三,对具体的改制转型案例提出有效举措。本节主要阐释对成人高校改制转型的认识及其内在逻辑。

一、对高校改制转型与成人高校改制转型的认识

(一)对高校改制转型的认识

高校的改制转型应该是一个积极的、理性的改革过程。在不同的时期和社会背景下,高校应根据自身对客观环境的主观判断和适应,确定不同的重组改造方向和内容,要本着实事求是的原则,认真分析当前经济发展状况和高等教育发展现状,从科学角度判断自身优劣势,顺应潮流,乘势而上,杜绝盲目跟进的思路。高校的改制应该厘清思路,制订科学计划,防止短视的功利主义行为,要在对改制转型有着充分认识的基础上进行改制转型的实践。

首先,高校实现改制转型,应该全面认识各相关利益者的诉求差异。就外部环境而言,高校改制转型的利益相关者主要有政府、行业企业及学生的家庭;就内部环境而言,高校改制转型的利益相关者主要有学生、教职工、党政管理人员等。以上各利益相关者对于高校改制转型的价值与利益诉求往往难以一致。为了顺利推进高校的改制转型,必须充分调查和征求不同利益相关者关于高校转型的意见和建议,并在集体智慧下做好顶层设计。[①]

其次,高校实现改制转型,应该全面统筹好继承与创新的关系。以史为鉴,可以知兴替。不忘历史才能开辟未来,善于继承才能善于创新。高校在改制转型的过程中,要紧紧围绕国家对改制转型和应用型人才培养的要求,结合学校的办学传统和地方经济社会发展的需求,处理好变与不变的辩证关系,确定学校的发展定位、发展战略、发展思路、发展策略,为学校的改制转型找到合适的路径。

最后,高校实现改制转型,应该充分借鉴他国经验并结合自身实际。在高等教育全球化、大众化、现代化背景下,高校改制转型演变规律和发

[①] 宋争辉.高等师范院校转型发展:趋势、内涵与路径[J].国家教育行政学院学报,2018(2):10-16.

展模式具有共性。我国高校应当主动加强开放式办学,积极借鉴国外先进理念和成功经验。同时,在深刻认识我国高等教育发展规律的基础上,竭力避免机械模仿和生搬硬套,大胆实践,积极探索符合学校实际和中国特色的发展模式。

(二)对成人高校改制转型的认识

1. 成人高校改制转型的基本导向

成人教育是国家教育体系的关键组成之一,其管理体制和运行机制会受到国家体制机制、历史文化传统、经济发展水平、社会风气等诸多因素的影响。成人高校的结构调整和转型应以习近平新时代中国特色社会主义思想为行动指南,以国家教育战略为指导,全面深刻研究新时代成人高校发展趋势,从多元化的角度分析存在的问题,从全局和国际的角度审视发展前景,借鉴国内外优秀经验进行大胆革新,以理性思考谋求跨越式发展,切实促进成人高校的可持续发展。

2. 成人高校改制转型的基本原则

成人高校改制转型是一项理性的、有规律的改革运动,遵循系统性、差异性、匹配性的基本原则。[①]

第一,成人高校改制转型应当遵循系统性原则。成人高校的改制转型要有全局观,即在全面了解成人高校发展现状及发展态势的基础上制定总体发展战略,使得院校自身发展与国家整体利益相协调,从而引领局部发展。以国家战略为准绳,以优化高校内部结构为核心,注重整体发展需求,打造区域成人高校特色。

第二,成人高校改制转型应当遵循差异性原则。成人高校在不同历史时期均为我国成人高等教育事业做出了卓越贡献。但是,新时代的成人高校继续沿用传统的发展模式,走同样的发展道路必然违背时代的发展要求。另外,不同的成人高校有着不同的优势、不同的地位和作用,这就需要个性化、定制化、差异化的改制转型,充分利用院校优势,结合自身

---

① 朱柳玉. 我国独立设置成人高校转型发展研究[D]. 南昌:江西师范大学,2016.

的资源与时代的需要,寻求适合自身发展的道路。改制转型过程中面临的机遇和挑战,必然会对不同的高校产生不同的影响。高校要从自身的发展任务和发展目标出发,有选择性、针对性、创新性地行动。

第三,成人高校改制转型应当遵循匹配性原则。一是做到位置匹配。成人高校要时刻明晰自身在国家战略布局中的位置、在推动区域经济发展中的位置及在高等教育发展全局中的位置,关注整体发展动向,保持时事敏感度,明确发展任务和发展方向。二是做到视野匹配。成人高校不仅要有全局化、长远化的视野,更要从战略高度来谋划发展。三是做到信息匹配。成人高校要利用学校内部信息渠道和外部社会信息咨询通道,结合内外部利益相关者的意见和建议,实现与社会、政府和市场之间的信息互动。

二、成人高校改制转型的内在逻辑

(一)坚持改制转型与国家战略发展同向同行

成人高校要完成改制转型的任务,必须把国家战略作为大政方针和发展动力。在整个国家发展过程中,国家为实现发展的总体目标,在不同时期制定了不同的教育发展战略,包括科教兴国战略、人才强国战略、文化强国战略等。显然,成人高校应将这些战略作为改制转型的总体思想指导,与国家发展战略同向同行。

第一,要实现发展认识的同步。成人高校要充分认识到,成人高校改制转型不仅是各个院校的单打独斗,而且关系到整个国家和社会的发展。因此,深刻理解国家战略是成人高校的关键任务。在社会主义建设初期、"文革"时期以及改革开放后的跨越式发展时期,成人高校根据特定历史时期国家战略的需要进行发展使命的相应调整,为成人高等教育的恢复和发展贡献了巨大力量,是成人高校个别发展目标与国家总体战略相结合的典型实践。因此,成人高校应在新时代端正姿态,在国家战略引领下,调整自身发展步伐和模式,以促进国家战略目标的最终达成。

第二,要实现发展目标的同步。成人高校的改制转型离不开国家的强力支持,因此,以国家发展战略为导向,优化自身改制策略和转型方式,是成人高校在确定发展目标时应考虑的首位因素。在发展过程中,成人高校应密切关注国家战略的调整,自觉调整转型方向,实现自身目标与国家目标的一致性,通过制定符合当地发展需要的一系列战略目标,寻求更多的社会理解和政策支持。

第三,要实现发展行为的同步。在改制转型过程中,成人高校要密切关注并围绕国家战略和民生需求,积极自觉将院校发展与区域发展、社区发展和社会发展相结合,培养服务地区需要的高水平人才,为地区产业发展输送应用型人才,为地区跨越式发展输送创新型人才,推动省市乃至国家战略目标的达成。

(二)把握改制转型与政府职能的依存关系

政府在成人高校改制转型中占据重要位置。成人高校不仅起着培养高素质人才、提高成人高等教育综合实力的作用,也承担着服务社会、服务地区发展的任务。政府只有充分发挥自身引领者、宣传者、组织者的作用,成人高校才能更好地实现发展教育和服务社会的双重目标。

第一,政府是成人高校改制转型的引领者。成人高校的改制转型离不开政府的理解与支持。作为成人教育发展的重要动力,政府必须提高重视程度,采取积极的态度,制定相应的法律法规并完善体制机制,为成人高校的改制转型提供有力依据。同时,政府要做好协调工作。针对成人高校改制转型中出现的新矛盾,要有预见和应对的能力。对于成人高校来说,应该积极表达意见,寻求政府的支持和指导。

第二,政府是成人高校改制转型的宣传者。目前,我国成人高校普遍存在知名度低、社会认可度低等问题。政府需要大力利用媒体的力量,帮助成人高校进行宣传。同时,政府要鼓励全社会积极参与成人高校的改制转型,加强成人高校转型的宣传,提升全社会对成人高校的认可程度,形成全新的社会共识,为其改制转型提供更广阔的空间。

第三,政府是成人高校转型的组织者。首先,政府应在改制转型中发挥保障作用,更加关注成人高校的发展,了解成人高校在改制转型过程中遇到的困难和需要,提供必要的人力资源、财力资源及物质资源,以促进改制转型的顺利进行。其次,政府应在改制转型中发挥监督作用,注重成人高校改制转型的规范化,避免恶性竞争。最后,政府应在成人高校改制转型中发挥纽带作用,促进不同类型、不同特色成人高校之间的交流与合作,最大限度地利用地区资源,推动院校的个性化发展。

(三)把握改制转型与市场体系互动的关系

一个有序、健康的市场体系可以引导并推动教育改革。反之,混乱、无序的市场必然使得教育事业误入歧途,导致教育资源的浪费,甚至导致恶性竞争。因此,我们应该把握成人高校改制转型与市场体系的关系,从招生市场、教育市场、就业市场等三个方面预测可能的矛盾并制定解决方案。

第一,加强改制转型与招生市场的互动。与招生市场的互动是指成人高校的招生计划要以市场需求和行业发展情况为重要依据,并根据市场变化做出相应调整。一是建立良性关系。成人高校要从长远需要出发,结合教育规律和市场规律,制定可持续发展战略,形成教育与市场的长期良性互动。二是开展需求诊断。成人高校作为服务地区人才市场的关键组织,必须根据市场对人才的需求及时调整人才培养方案。三是提供针对性服务。成人高校的任务是面向行业企业培养应用型人才,不同职业所需要的知识和技能大相径庭,这就要求成人高校制定差异化的课程、教学方式,配备强有力的师资队伍,激发学生的学习热情。

第二,加强改制转型与教育市场的互动。成人高校改制转型的目标应该与教育市场的发展趋势相一致,这对成人高校来说是危与机共存的挑战。一是教育市场日益多样化和细分化的特点为成人高校的改制转型提供了机遇。成人高校改制转型应考虑到教育市场的多样化需求,遵循教育发展规律。二是与教育市场的互动还体现在成人高校要明确自身在人才培养中的地位,在改制转型中注重资源整合,激活潜在资源,提升整体实力,同时将自身优势与社会潜在资源相结合,与社会教育资源进行交流。

第三,加强改制转型与就业市场的互动。与就业市场的互动不仅是成人高校改制转型的起点,也是检验改制转型成效的标准之一。成人高校的改制转型必须在深入分析就业环境的基础上,整合和优化内部因素。成人高校如果对就业市场缺乏了解,制定不适应就业市场的人才培养方案,必然导致教育资源的浪费及高失业率问题的产生。因此,成人高校必须关注就业市场的走势,在市场变化中寻找与市场相适应的方式,革新专业设置、人才培养方案等,合理选择改制转型的战略。

第二节 成人高校改制转型相关研究

目前,众多学者对成人高校改制转型已做了较为广泛且深入的研究。对成人高校改制转型的相关研究做文献综述旨在整合该领域中已经被思考过与研究过的问题,将此领域中权威学者所做的努力进行系统的展现、归纳和评述,并展示本书相较于以往研究的创新之处,从而凸显研究的价值,以此作为合理开展本书观点的基础。

一、高校改制转型相关研究

(一)关于高校改制转型内涵的研究

对于高校改制转型的内涵,王玉丰认为,新建本科院校的转型是新建本科院校在面对外部环境变化时,主动对自身内部结构要素以及要素间关系进行调整与变革,通过转型跃迁以适应社会发展所引发的新变化,进而实现学校内部稳定性与外部兼容性相互平衡的动态发展方式。[1] 顾永安等认为新建本科院校存在两种转型:一种是围绕人才培养这一中心工作,面临着从专科层次办学向本科层次办学的转型;另一种是在学校发展类型上,面临着从原有传统办学形态向新的办学形态的转型。[2] 陈新民

---

[1] 王玉丰.中国新建本科院校转型发展研究:基于自组织理论的分析范式[M].北京:教育科学出版社,2011:16-17.

[2] 顾永安,等.新建本科院校转型发展论[M].北京:中国社会科学出版社,2012:5-8.

认为新建本科院校的转型涉及对原有的办学定位、办学思路和办学传统整体性的调整与变革。从纵向上来看，它是新建本科院校从结构到形态、从形式到内涵真正实现由专科层次向本科层次的转变，使之达到本科教育的要求与水平；从横向上来看，是新建本科院校朝向差异化发展，通过有别于传统本科院校的发展路径，建设成为与区域经济和社会需求相适应的新型本科院校。①

（二）关于高校改制转型内容的研究

转型内容的分析是高校改制转型研究的重点，不仅有宏观问题，如管理体制、教育政策等问题，也有中观问题，如发展定位、发展模式、学科专业、师资队伍建设等问题，还有微观问题，如人才培养模式、教学方式方法、课程体系建设等问题。例如，周惠认为大学转型要把握好思想观念与办学理念、组织结构与体制机制、目标定位与培养模式、学科建设与结构调整、教师标准与教师发展等五个要素。② 张兄武、许庆豫认为，高校转型的关键是能够实现高等教育管理体制机制、政策制度的及时创新，包括建立多元化的高等教育系统，构建完整的职业教育体系，实现招生制度的配套改革，制定和完善相关法律法规，建立改制转型的管理体制，实现师资队伍转型，加大办学投入等内容。③ 刘振天认为，地方本科院校改制转型应在办学体制、人才培养模式、专业建设、师资队伍建设、教学模式、管理服务模式等方面进行改革。④

（三）关于高校改制转型现实困境的研究

很多研究者从宏观的外部政策制度与发展环境，中观的发展定位、发展模式、师资队伍建设，微观的人才培养模式、教学方式方法等不同角度

---

① 陈新民.区域经济视野下的新建本科院校转型研究[M].杭州：浙江大学出版社，2014：2.
② 周惠.论大学的转型发展[J].社会科学战线，2013（11）：253-255.
③ 张兄武，许庆豫.关于地方本科院校转型发展的思考[J].中国高教研究，2014（10）：93-97.
④ 刘振天.地方本科院校转型发展与高等教育认识论及方法论诉求[J].中国高教研究，2014（6）：11-17.

分析了高校改制转型面临的现实困境。张应强认为,地方本科院校改制转型面临很多挑战,主要是如何对教师队伍进行改造,实现向"双师型"教师队伍转型,如何实现教学体系由知识教学向实训教学转型,如何实现校企深度合作等问题,因此需要充分认识到改制转型任务的艰巨性。[①] 陈新民则认为,新建本科院校转型中存在教育内外部关系失衡、内涵外延发展失调、模式单一和特色缺失等问题。[②] 陈斌认为地方高校转型面临的困境主要是自我认同隐藏危机、行政统一规制与大学多元发展出现矛盾、不同类型高校转型面临分歧、应用型教师队伍建设遭遇瓶颈等问题。[③] 夏明忠则认为,新建地方本科院校转型面临认识和观念不到位、社会认识心理错位、学校现状不适应、政府资源和政策导向偏差等诸多障碍。[④]

(四)关于高校改制转型路径的研究

高校的改制转型既是一个认识问题,也是一个应用实践问题,因此,选择什么样的策略和路径才能实现高校的转型目标自然也是研究者关注的重点问题。近年来,众多研究者对转型的策略和路径进行了大量的分析和探讨,归结起来,这些研究分为理论路径和实践路径两类。在理论路径方面,陈新民结合组织理论,将新建本科院校转型的变革规律概括为三种模式,即自然催变模式、脱胎跨越模式和中间跳变模式。[⑤] 张应强、蒋华林从理论角度明确了改制转型的主导力量等关键问题,并提出应在理念指导、制度保障、分类管理和评估引导等方面综合保障新建本科院校转型的顺利推进。[⑥] 在实践路径探讨方面,陈永斌认为地方本科院校改制

---

① 张应强.地方本科高校转型发展:可能效应与主要问题[J].大学教育科学,2014(6):29-34.

② 陈新民.区域经济视野下的新建本科院校转型研究[M].杭州:浙江大学出版社,2014:77-79.

③ 陈斌.建设应用技术大学的逻辑与困境[J].中国高教研究,2014(8):84-87.

④ 夏明忠.新建地方本科院校转型发展的动因、障碍和对策[J].高等农业教育,2014(11):6-10.

⑤ 陈新民.新建本科院校转型研究[J].教育发展研究,2009(1):46-49.

⑥ 张应强,蒋华林.关于地方本科高校转型发展若干问题的思考[J].现代大学教育,2014(6):1-8,112.

转型必须处理好速度与质量、当前与长远、内部与外部等关系,应对好思想观念落后、基础薄弱、校企合作不够深入等多重挑战。① CDIO 是由美国麻省理工学院提出的一种工程教育模式,该模式通过让学生参与产品研发到运营的全过程,使学生能理解产品的构思(conceive)、设计(design)、实施(implement)和运行(operate)。李琳从 CDIO 的视角提出地方高校在向应用本科教育转型的过程中,应确定本地化的人才培养模式、构建贯穿培养理念的课程体系、完善"双师型"的师资队伍建设等建议。②

二、成人高校改制转型相关研究

(一)关于成人高校改制转型认识的研究

研究者对企业成人高校、普通高校成人教育及教育学院等不同类型的成人教育改制转型提出了见解。魏顺福、陆文探讨了企业成人高校改制高等职业学校的必要性,指出高等职业教育的发展沿革及其与其他教育的区别等。③ 曹立国探讨了企业成人高校改办高职的优势与特色,指出这是一条探索企业成人高校改革发展和高职人才培养的成功之路,具有良好的发展前途和强大的生命力。④ 姜孔祝等认为普通高校成人教育应及时实施转轨变型,即由以成人学历教育为主向成人学历教育与非学历继续教育并重转化。⑤ 王启群、郭万才指出由于教育学院的生源下滑

---

① 陈永斌.地方本科院校转型发展之困境与策略[J].中国高教研究,2014(11):38-42.

② 李琳.地方高校应用本科教育的转型探索:CDIO 的视角[J].高等农业教育,2014(8):51-53.

③ 魏顺福,陆文.浅谈企业成人高校改制高等职业学校的必要性[J].江汉石油职工大学学报,1999(1):6-10,26.

④ 曹立国.企业成人高校改办高职的优势与特色探讨[J].职业技术教育,2001(31):42-45.

⑤ 姜孔祝,王飞舟,任玉荣.论普通高校成人教育转轨变型[J].中国成人教育,2007(17):7-8.

及体制限制等,教育学院的发展受到严重挑战,将教育学院改制为普通高校不失为教育学院实现可持续发展的一条有效途径。①

(二)关于成人高校改制转型实践案例的研究

肖建彬等通过调查发现成人高校遇到外部管理体制不畅,办学发展受到阻滞;长期投入不足,办学基础设施建设相对滞后;宏观管理力度不够,教育质量呈下滑趋势等发展瓶颈。针对这些问题,他们提出"充分认识成人高等教育的地位与作用;深化管理体制改革,实现成人高等教育资源的优化配置;加强宏观管理,建立规范的成人高等教育运行机制;加大政府扶持力度,提升成人高校改制后的办学实力"等发展思路与对策。② 姜大源指出了德国职教专业模式改革与创新的趋势,在传统的职业性模式基础上吸收模块化方案的长处,使专业富于个性化与动态性,并致力于构建专业间及职业教育与继续教育间的有机衔接,开拓不同教育途径及教育评估体系间的相互结合,促进专业的及时更新与实时化,进而实现职业性与模块化的融合。③ 刘坎龙等以新疆教育学院为个案,对普高生与成人脱产生对学校与专业的认识、就业期望、就业心态等方面的差异进行了调查与分析,并提出相应对策,以期为提高普高生的教学质量提供参考。④ 何云江指出贵州教育学院抢抓教育部和省"十一五"高教发展规划的机遇,决定将学院由成人高校改制为普通高校,主动适应贵州高等教育发展需求,服务农村基础教育。⑤ 黄红以贵州教育学院创建和改制为例,基于如何生存和发展的问题,根据当今教育的形势和以后的发展趋势,讲述学院由成人高校改制为普通高校的过程。2009 年,学院改制成功,改

---

① 王启群,郭万才.改制为普通高校是教育学院可持续发展之路[J].贵州教育学院学报,2008(10):1-4.

② 肖建彬,李泽民,古立新.广东省独立设置成人高校成人与继续教育现状调研报告[J].广东教育学院学报,2006(1):18-23.

③ 姜大源.论德国职业教育专业模式的改革与创新——职业性与模块化的融合[J].职业技术教育,2002(7):67-69.

④ 刘坎龙,蔡万玲,苗青.成人高校向普通高校转轨时期的学情分析及对策研究(三)——以新疆教育学院为个案分析[J].新疆教育学院学报,2007(3):20-24.

⑤ 何云江.贵州教育学院新校区即将在乌当建成[J].当代贵州,2008(22):35.

制后的学院为贵州师范学院,对同类成人高校有启发作用。[1]

(三)关于成人高校改制转型路径的研究

高等教育改革要求调整成人高校的设置与布局,部分成人高校需要改制为普通高校。夏天阳、楼一峰探讨了上海部分高校改制的方法途径与对策。[2] 石丰也提出了成人高校"改制"的思路与对策。[3] 李正元探讨了成人高校如何适应改制高职学院的对策方法。一是成人高校改制必须从内涵改起;二是立足为社会和经济发展服务,努力办出特色;三是坚持产、学、研相结合的发展模式;四是坚持因材施教,实行多种教育证书制度;五是以转变教育思想观念为先导,扎扎实实地做好转制工作。[4] 张道远指出成人师范教育在向高等职业教育转制的过程中普遍存在各种不适应的思想状况,要以"讲学习"为先导,切实加强思想政治工作是解决各种思想问题的主要途径。[5] 在改制风险方面,卢伯鸿指出成人高校改制过程存在各种风险。成人高校应树立风险意识,建立改制风险管理机制,采取加强财务管理、多渠道筹集资金、加强管理人才队伍建设等措施,对改制风险进行管理。[6] 在改制后管理对策方面,陈东谈论了成人高校改制为普通高校后的本科教学问题。他指出只有选择创新性教学预期反应方式,在了解两种不同类型本科教学的对象之间所存在的差异的基础上,确立正确的普通高校本科教学转变思路,建立科学合理的教学保障制度,全面提升教学质量,这种转变才具有名实相符的积极意义。[7] 陈智旭对成人高校改制后学生的思想政治工作做了对策研究,他指出学生思想政治

---

[1] 黄红.对贵州教育学院创建和改制的思考[J].贵州师范学院学报,2010(12):68-71.

[2] 夏天阳,楼一峰.上海部分高校改制的方法途径与对策研究[J].上海高教研究,1994(3):46-50.

[3] 石丰.成人高校"改制"的思路与对策[J].成人教育,1994(5):5-6.

[4] 李正元.成人高校怎样适应改制高职学院的新形势[J].教育探索,2000(6):37.

[5] 张道远.切实做好成人高校改制中的思想政治工作[J].皖西学院学报,2001(3):103-105.

[6] 卢伯鸿.成人高校改制风险管理[J].经济师,2009(8):111-112.

[7] 陈东.论成人高校改制为普通高校后的本科教学[J].四川教育学院学报,2008(12):26-28.

工作应积极寻求对策,以人为本、健全机构、完善制度、健全体系、增进沟通,以求尽快与普通高校实现无缝接轨,增强学生思想政治工作的针对性和实效性。[①]

三、研究述评

笔者通过对以上相关研究进行文献综述发现,近年来,关于大学改制转型的研究取得了一些重要进展,产生了一系列具有重要研究和参考价值的学术成果,提出了一些较具创新性的理论观点和研究方法。这些学术成果、理论观点和研究方法不仅为我们继续深入研究高校改制转型提供了弥足珍贵的资料,也为进一步系统、深入研究其价值取向奠定了坚实的基础,提供了有益的参考与借鉴。在充分肯定国内外相关研究的同时,我们也必须认识到,一些重点、难点问题还有待进一步系统、深入地研究。

第一,理论体系的设计建构缺乏系统的构思与谋划。当前高校改制转型和成人高校改制转型有关的研究已经初步建构了一定的理论框架,形成了一定的理论体系,但现有的研究较为零散,研究基本处于实践经验总结阶段,没有从学科高度将实践经验升华为理论,因而未能形成系统性的理论体系,也缺乏理论深度和创新性。基于此,本书以宁波教育学院改制转型为例,在注重对成人高校改制转型的全过程进行描摹的同时,还注重对成人高校改制转型的必要元素进行系统研究,以期构建出一个不仅能够系统揭示所要研究的问题,而且具有一定创新性的理论框架。

第二,研究范式的"适切性"问题亟待改进和优化。当前相关研究的研究范式就事论事的多,实证研究较少,对国外的研究也采取简单移植的方法,这些问题共同导致相关研究结论"适切性"不强,缺乏可操作性。本书力图综合采用实证研究法和系统思维分析法,全面掌握、分析宁波教育学院改制转型的全貌,有选择性地吸收国内外的先进经验,以点带面,以小见大,为其他面临改制转型的成人高校提供借鉴经验。

---

① 陈智旭.成人高校改制后学生思想政治工作对策研究[J].科技创新导报,2013(15):162.

第三,研究视角单一问题突出。当前有关高校改制转型的研究基本是从教育学、管理学等单一视角进行,由于成人高校改制转型的价值取向涉及复杂的社会背景和不同层面的利益主体,具有复杂性和多维性的特点,因此,仅仅从单一视角去观察和分析,得出的研究结论往往是片面的,提出的对策建议往往可操作性不强。本书将综合运用教育学、社会学和管理学等多学科的理论进行系统分析,以期拓展我国成人高校改制转型的研究视角。

第三节 我国成人高校改制转型的实践

随着高等教育大众化逐步推进和各类教育形式涌现,社会对高等教育的层次和形式需求有了更多的选择,成人高等教育已经完成学历补偿教育的历史任务。为迎接成人高等教育面临的严峻挑战,突破时代赋予成人高校的困境,本书基于各地教育实际及成人高校现状,将我国成人高校改制转型的实践路径归纳为四类:撤销型、合并型、转制型及保留型。

一、撤销型

受高等学校扩招、成人高校办学质量不佳、成人教育管理体制改革相对滞后、政策资金等保障措施不足等因素影响,有一部分成人高校被撤销建制,退出成人高等教育领域。2007 年,教育部公布了 批"红""黄"牌成人高校名单,"红"牌的成人高校不得继续招生,"黄"牌的成人高校要严格控制并缩减招生规模。对连续 3 年被确定为"红"牌的成人高校,主管部门原则上应撤销其建制;连续 3 年被确定为"黄"牌的成人高校原则上应停止招生。此批公布的"红"牌成人高校达到 60 所,其中含自行停止招生学校。2008 年,教育部向 63 所成人高校亮"红"牌,其中 42 所学校连续 3 年被亮"红"牌,教育部要求其主管部门原则上应报请有关部门撤销其建制。2013 年,为优化高等教育布局与结构,教育部决定撤销 39 所成人高校建制。可见,从 2007 年开始有较大规模的未达到办学要求的成人高校被撤销了建制,退出了成人高等教育系统。①

二、合并型

独立设置的成人高校通过资源整合,与现有普通高校合并,或与同类其他高校合并,组建成新的教学型或专业型的普通高等学校,推进办学体制改革。这主要针对一批办学条件好、发展快的独立设置成人高校。20 世纪末和 21 世纪初,为建设具有世界一流水平的综合性和研究型大学,我国普通高校进行了一轮重组。这种趋势为独立设置成人高校资源重组创造了机会,一部分条件成熟的已成功实现了转制。例如,广西卫生管理干部学院与广西药科学校、广西妇幼保健院附设卫生学校合并组建广西卫生职业学院。广西教育学院和南宁地区教育学院合并,成立广西民族师范学院。湖南经济管理干部学院于 2006 年与中南林业科技大学合并。② 2015 年,经由江苏省人民政府批准,江苏省常州建设高等职业技术学校与常州市职工大学合并,筹建了江苏城乡建设职业学院。同年,江苏城乡建设职业学院通过教育部备案,正式跨入专科(高职)层次普通高等学校序列,同日撤销常州市职工大学建制。2016 年,教育部正式发文批准河南教育学院与河南财政税务高等专科学校两校合并建立普通本科高校,定名为河南财政金融学院。

下文以河南财政金融学院为例,阐述该校将成人高校与普通高等专科学校合并的背景、合并后的办学举措、合并成效及现存问题。以下资料由河南财政金融学院官网及《河南财政金融学院 2018—2019 学年本科教学质量报告》整理而成。③

河南财政金融学院位于河南省郑州市,是经教育部批准设置、河南省人民政府举办的全日制普通本科院校,由河南财政税务高等专科学校和

---

① 唐琼. 独立设置成人高等院校退出研究[D]. 长沙:湖南大学,2012.
② 唐琼. 独立设置成人高等院校退出研究[D]. 长沙:湖南大学,2012.
③ 河南财政金融学院 2018—2019 学年本科教学质量报告[EB/OL]. (2019-12-20) [2021-08-20]. https://www.hafu.edu.cn/info/1136/5139.htm.

河南教育学院合并组建。原河南财政税务高等专科学校创建于1953年，隶属于河南省财政厅，是河南省最早的以培养财税、金融、会计等专门人才为主的学校，是财经应用型人才培养和财经管理人才培训的重要基地。原河南教育学院始建于1955年，是省属成人本科师范院校，1993年开始向普通应用型高校转型，基础教育资源积淀深厚，本科教育经验丰富。但随着基础教育师资学历补偿任务的完成和我国高等教育的深化改革，河南教育学院承担的历史任务已经完成，并面临办学政策受限、发展资金不足、内涵建设任务繁重等诸多困难，生存与发展的压力巨大。在困难和挑战面前，学院党委高度重视学院的发展定位，通过广泛深入地调研和科学充分地论证，认真制定学院发展战略规划，确立了走成人本科改制为普通本科的发展道路。

自2016年组建以来，河南财政金融学院共设25个教学单位。学科专业设置以经济学、管理学为主，现开设有财政学、税收学、金融学、投资学、会计学等31个本科专业和财政、会计、国际贸易实务等45个专科专业。其中会计学是河南省重点学科培育学科，会计学、计算机科学与技术入选2019年河南省一流本科专业建设点，税收学、工程造价、电子商务3个专业入选2020年河南省一流本科专业建设点。

该校坚持"一体两翼"的办学特色。"一体两翼"是指以经济学、管理学为主体，以"财经+科技"和"财经+教育"为两翼。"财经+科技"，就是运用互联网、大数据、人工智能、区块链等最新科学技术，改造提升传统经管类学科专业，培养高素质智能化财经管理人才。"财经+教育"，就是运用学校长期积淀的教育理念，强化大学生财经素养教育，并发挥高校服务社会功能，积极开展中小学生的财经素养教育。在教育部大力推进新文科建设的背景下，培养适应新时代要求的应用型、复合型文科人才，需要深入推进学科交叉融合和专业结构优化。"一体两翼"办学特色是学校全面落实新文科建设计划的具体抓手，体现了学校财经特色的办学定位，顺应了信息技术与教育教学深度融合的趋势，契合了学校现有的学科专业结构，满足了区域经济社会发展对高素质财经管理人才的需求。打造"一体两翼"的办学特色，符合学校发展现状，得到了教职工的普遍认同。该校坚持从学科专业调整、人才培养方案制定、课程体系建设、创新创业教育等各方面全面贯彻"一体两翼"特色定位，成效日益显现。

该校大力建设高水平师资队伍。截至2019年,该校有教职工1293人,专任教师905人,其中教授108人,副教授327人;研究生学历教师671人,其中博士学历教师102人。享受国务院特殊津贴专家、国家优秀教师、全国模范教师、全国优秀教育工作者6人,省级高层次人才15人,省部级突出贡献专家1人,省级教学名师6人,河南省教育厅学术技术带头人76人。

该校大力推进政产学研协同合作,建立了河南省财政干部培训基地、河南省会计专业技术人员继续教育基地、郑州市地方税务局干部培训基地等,分别与中央财经大学、中南财经政法大学等联合设立了中国财政发展协同创新中心河南研究基地、中国收入分配研究中心河南基地等,设有河南非物质文化遗产研究基地等科研机构。与郑州市高新技术产业开发区税务局、国泰君安证券股份有限公司、郑州银行等行业企业建立了校外实习基地134个,覆盖了所有专业,满足了实践教学需要。

该校坚持社会主义办学方向,立足河南,面向全国,为行业和地方培养适应社会经济发展需要,具有高度社会责任感、较高人文素养、较强创新创业精神和实践能力的高素质复合型应用人才。该校正在朝着不断提高综合办学实力和服务区域经济社会发展能力、建成省内一流应用型财经类本科高校的目标而努力。

河南财政金融学院作为合并组建的本科院校,虽然融合发展取得了显著成效,但受各种因素影响,学校发展仍面临历史遗留问题多、办学资金缺、高层次人才引进难度大等诸多困难。今后,该校拟按照融合发展、内涵发展、转型发展、特色发展、开放发展的思路,围绕把学校建成省内一流应用型财经类本科高校的这一总体目标,以顺利通过本科教学工作合格评估为重点,积极打造以经济学、管理学为主体,以"财经+科技"和"财经+教育"为两翼的"一体两翼"办学特色,持续推进人才培养模式改革和校园诚信文化建设。

三、转制型

一部分具备良好办学条件、发展较快的独立设置成人高校,由于具有一定市场开拓、运作能力,并且拥有一支具备一定职业能力、经验或一定发展潜力的师资队伍,通过调整和改制转为普通高等职业院校或者本科普通高校。①

第一,转变为独立的普通高等职业院校。独立设置的成人高校转变其学历教育方向,将重点放到举办高等职业教育上,以培养实用性、技能性较强的生产一线技术、管理、操作、服务等人才为主,使毕业生具有较高的职业技能和实际工作能力。例如,湖南兵器工业职工大学转制为湖南科技工业职业技术学院。

第二,转变为普通高校。一部分学校因为本身办学能力较强,发展速度较快,朝着本科为主的普通方向发展。例如,2016年,山西煤炭管理干部学院经教育部批准,由成人高校转型为能源类应用技术型普通本科学校,并改名为山西能源学院。中国环境管理干部学院在2016年经教育部批准改制为应用型、技术技能型本科院校——河北环境工程学院。四川教育学院于2012年经教育部批准改制更名为成都师范学院,成为公办全日制普通本科高校。

下文以安徽教育学院为例,阐述其改制的背景、改制思路及改制成效。以下内容根据杨桦的硕士学位论文部分内容②及《合肥师范学院2018—2019学年本科教学质量报告》③整理而成。

安徽教育学院是一所安徽省属高等师范本科院校,位于安徽省合肥市。学院创建于1955年,前身为安徽省中学教师进修学院,1960年更名为安徽教育学院;1969年学院被并入安徽劳动大学,1978年恢复建制。2007年3月19日,经教育部和安徽省人民政府批准,安徽教育学院正式改建更名为合肥师范学院。

该院坚持面向基础教育,创新教师教育机制,积极推进职前教育与职后教育一体化,深化教育教学改革,提高人才培养质量。截至2019年,该院培养各类高等专门人才6万余名,培训中小学校长和教师16万人次。

---

① 唐琼. 独立设置成人高等院校退出研究[D]. 长沙:湖南大学,2012.
② 杨桦. 转型期独立设置的成人教育学院所面临的挑战及出路[D]. 西安:陕西师范大学,2008.
③ 合肥师范学院2018—2019学年本科教学质量报告[EB/OL].(2020-05-05)[2021-08-25]. http://jwc.hfnu.edu.cn/info/2091/10935.htm.

改制前,该院拥有20个普通本科专业,本科挂靠安徽师范大学(芜湖),每年招生计划大约600人;在校全日制学生7449人,普高学生占70%。学院有教职工523人,其中专任教师302人,在专任教师中有教授18人,副教授107人,硕士学历以上144人。新老校区共占地440亩,预留地150亩,建筑面积18万平方米,有纸质图书58万册、电子图书34万册,教学仪器设备总价值2100多万元。

由于独立设置的省级成人教育学院发展面临困难,安徽教育学院在2001年提出了改制目标,得到了上级教育行政部门的大力支持。2003年8月,安徽省人民政府批准同意将安徽教育学院由成人本科院校改制为一所以教师教育为主的多科性普通本科院校。

安徽教育学院以改制工作为中心,持续推进各项建设工作,主要有六个方面的举措:一是建立强有力的组织保障。学院设立改制领导小组,成立12个专门工作组,明确各工作组的任务,落实责任制。二是制定明确的学校发展战略。围绕"学院发展总体规划、学科专业建设规划、师资队伍建设规划、校园建设规划"四大规划,制定科研、图书资料、实验室等各项建设发展规划,明确发展任务、目标和思路。三是组织教育思想讨论,进一步统一全院师生思想认识,更新观念,树立适合普通高等教育的办学理念。四是加大教学基础设施投入。大力建设校园基础设施、实验室、图书馆、资料室、特色项目、亮点项目,为人才培养夯实硬件基础。五是加强学科专业建设。自2002年以来,积极申报20个普通本科专业和24个普通专科专业,并经教育部批准,批准的本科专业已报教育部备案。六是广泛争取上级部门的理解和支持。

改制完成后,该院坚持以人为本,依据办学定位,面向安徽基础教育改革发展、普及15年基础教育以及地方主导产业转型升级和战略性新兴产业发展等需求,立足学生全面发展,遵循学生成长成才规律,紧密结合自身办学传统、办学优势、办学特色和办学水平,确定了人才培养总目标:培养适应地方经济社会发展需要,具有社会责任感、创新精神和实践能力的高素质应用型人才。根据人才培养总目标,确立了"三新三会"的人才培养规格,即师范专业培养适应基础教育改革与发展需要,具备新理念、新知识、新技能,会备课、会上课、会当班主任的新型师资;非师范专业培养适应研究开发、生产营销、管理服务等需求,具备新理念、新知识、新技能、会设计、会操作、会管理的应用型人才。

截至2019年,该院有锦绣、滨湖、三孝口3个校区,校园面积1295亩;有15个学院,设本科专业59个,教育硕士专业学位研究生培养方向11个,全日制在校本科生、研究生共1.55万人;建有中国南方蓝莓工程技术研究中心、省基础教育改革与发展协同创新中心、省高校人文社科重点研究基地"教师教育研究中心"等重点科研平台9个。2017—2019年,该院承担国家社会科学基金、自然科学基金等国家级项目51项;发表学术论文1328篇;出版著作、教材102部;获国家专利261项;获安徽省科学技术奖4项,省级教学成果奖19项(其中特等奖2项)。2017—2019年,该院学子在"互联网+"、"挑战杯"、亚运会、世界大学生运动会、师范生技能大赛等省级以上赛事中获奖1000余项;本科毕业生初次就业率保持在90%以上。学院先后被评为"全国大学生暑期三下乡社会实践活动先进单位"和"安徽省高校毕业生就业工作标兵单位"。

安徽教育学院的本科教育历史长达50年,教师教育特色鲜明,文理基础扎实。但是,由于成人办学体制机制的约束,其教育资源难以获得高效率的利用;同时,从安徽省高等教育布局结构看,单科性院校偏多,省会合肥市缺少面向全省的以文理为主的多科性院校,教育资源相对闲置与资源不足并存。安徽教育学院从成人高校转型成为普通本科院校,不仅有利于进一步调整安徽省高等教育结构,优化成人高等教育资源配置,扩展办学能力,也适应了安徽省基础教育快速发展的需要,是提升师资队伍专业化水平的关键一招。

四、保留型

仍保持原有发展模式的有北京、吉林、福建等省级教育学院和大连、长春等地市级教育学院。此类成人高等院校主要发挥教育学院传统的教师培养和教育行政干部培训的功能。由于上级政府部门下达的指令性教育和培训任务比较多,资金筹措途径较多,划拨经费较为充足,因此得以在不改变现有发展模式的前提下继续办学。

第二章　成人高校改制转型的理论基础与生态分析

教育作为一种培养人的社会活动,与社会政治、经济、文化等系统之间存在着错综复杂的关系,离不开对社会与人的剖析。基于此,本书中有关成人高校改制转型的理论研究,将分别以公共组织变革理论、现代治理理论、生态学理论为切入点,具体阐述成人高校改制转型的哲学基础、时代诉求与生态环境。

第一节　成人高校改制转型的理论基础

改制转型是一种运动、变化的状态,运动和变化是世间万物存在的固有属性。任何组织想要发展就需要变革,公共组织处于一个不断发展变化的过程中,在不断的发展变化中逐渐找到发展方向。成人高校作为社会公共组织的一种特殊类型,其产生、发展及变革的过程无不受公共组织变革理论的影响。伴随着新公共管理运动的引入所带来的公共组织特殊的社会价值失落的问题,治理取代了管理主义,成为指导社会公共组织的普遍理念,而治理理论仅强调国家与社会组织之间的相互依赖与互动合作,忽视了与社会其他系统之间的相互交融。因此,主张各系统相互影响的生态学理论也成为成人高校改制转型的基础理论之一。

一、公共组织变革理论

(一)公共组织变革的内涵

公共组织是为了管理社会公共事务,提供公共服务,实现社会公共利益的组织实体。它以维护公共利益为目的,以实现公共目标为导向,拥有法定的公共权力,服务于社会公众与个人或团体的公共事务,有较强的影响力。[①] 公共组织及公共组织的活动对现代人的社会生活极其重要,公共组织工作效率的高低很大程度上决定了公共组织中的人的福利获得与幸福感体验。

组织的发展总是与变革相伴而行,公共组织也在不断变革的过程中探索着发展的方向。公共组织变革具体指公共组织及时适应内外部环境的变化,不断地对组织战略、组织结构、组织运行机制、组织人员等组织系统进行变革或改革来适应环境变化,以便更好地实现组织的目标。国际经济的发展与社会进步、国内的改革、国内公共组织的利益等因素影响着我国公共组织的变革。面对国内外复杂的社会环境,持续完善和提高公共组织的管理与服务能力是组织持续发展的关键。

(二)公共组织设计的程序

公共组织的设计一般存在于以下三种情形中:一是在新建立的组织中设计全部组织管理系统;二是原有的公共组织结构出现需要解决的重大问题时,或者在组织目标发生重大变化时,对组织系统进行调整;三是适应环境变化对组织系统进行局部的调整完善。这三者也可能同时进行。公共组织的设计一般由以下几个阶段组成:一是组织目标的确定。目标的确定是进行组织设计的首要步骤,目标是组织存在的前提。国家法律法规、公共组织环境和公共管理任务是公共组织目标的来源。在公共组织设计伊始,要首先确定组织各个层级的目标,合理的目标是组织有

---

① 贾薇.基于"内卷化"理论的中国公共组织变革的系统研究[D].天津:天津大学,2014.

效运行的前提。二是组织结构的确定。公共组织结构的确定要考虑组织规模、组织内外部环境及组织战略等因素,在参考其他同类组织设计经验的基础上进一步确定合理的管理组织形式及单位、部门,确保组织结构的清晰与工作效率的提升。三是职责权限的明确。公共组织在组织结构设计时要根据组织目标特点设计各部门领导应承担的责任,并对责任的履行情况有明确的考核标准与考核方式。在责任分配时要做到权责一致,根据部门领导的责任范围给予相应的权力。根据各部门的工作职责划分出相应的公共组织管理层次,明确各层次之间的权责关系与不同层次的管理幅度。四是组织规范的制定。为了确保组织工作能够可靠稳定地持续发展,需要制定公共组织机构及机构成员的行为准则,这是组织设计的最后环节。部门之间的协调分工、资源的共享与分配、部门各自的责任需要制度来明确,通过制度将各部门全方位联合,形成基于共同目标的协调运作的公共组织系统。

(三)公共组织的生态环境分析

对公共组织系统的存在、运行与发展产生直接或间接影响的各种内外部因素的总和称为公共组织生态环境。公共组织是由相互依赖的部分构成的整体,其与生态环境的良好互动可以促进公共事务的有效解决,提高公共管理的效率。

1. 公共组织生态环境的特征

公共组织的生态环境具有以下特征:(1)层次性。公共组织自身系统具有规范的层次结构和功能结构,系统中每个成员都有自己的生态位置和相应的功能定位。每个组织因为所处的层次不同、定位不同,所面对的环境也不同。(2)多维性。公共组织的生态环境是特定社会背景下政治、经济、文化、自然因素的有机结合,是在一定时空环境下通过复杂的物理网络、信息网络、控制网络、经济文化网络等共同交织成的多维空间。[①]这些网络关系可能被自发的、无序的、自然的因素所制约,也可能被人为

---

① 何跃,贺芒.公共组织管理[M].重庆:重庆大学出版社,2019:56.

规范的、有序的、社会的因素所制约。环境对某个特定的公共组织产生作用总是多种环境因素在同时发挥效能。(3)互动性。环境与公共组织及其目标之间存在着相互影响的互动关系,公共组织与环境各要素间存在着持续不断的物质流、资金流、信息流、人员流等的错综复杂的相互交换。(4)自组织性。公共组织环境是变化多端的,自组织理论揭示了大量存在于自然界、人类社会及人类思维中的复杂系统是如何从无序变为有序、如何从低级有序向高级有序进化的一般条件、机制与规律。公共组织在与其周围环境的相互依存中不断互动,整个公共组织系统内部有自组织、自调节、自抑制、自适应的关联性反馈功能和共生的功能。

2.公共组织的生态环境的构成

公共组织作为一个有机开放系统,其管理活动是管理主体、管理客体及组织目的三个要素之间相互作用的过程,并与其周围的客观环境发生着输入与输出的交流。公共组织的外部环境分为一般环境与任务环境。一般环境指几乎对所有组织都产生影响的各种因素;任务环境指组织与之发生直接的相互作用,并对组织实现目标的能力有直接影响的那些环境要素。[①] 一般环境包括政治环境、经济环境、社会文化环境、法律环境、技术环境、自然环境与国际环境。任务环境包括公众、资源供应者、顾客、竞争者与相关利益集团等。公共组织的内部环境指存在于组织内部、构成公共组织赖以生存和发展的有形要素与无形要素及要素之间相互关系的综合。内部环境是影响公共组织效能的内在因素,这些要素的有机联系、协调合作是公共组织有效应对外部环境的内在支撑条件,也是开展公共管理活动的基本保证。公共组织内部环境由组织目标、组织结构、组织制度、组织成员、组织文化等构成。组织目标是组织存在的基础和动力,是组织运行的方向和航标,是成员自我引导与规范的标准。公共组织目标的实现需要相应的组织结构的支持,组织需要根据职能和任务设置相应的职位、相应的权责与任务分工。为了确保组织的有序运行,使工作有章可循、有据可依,公共组织制度的确立十分重要。公共组织成员是公共

---

① 达夫特.组织理论与设计[M].王凤彬,等译.北京:清华大学出版社,2017:153.

管理活动的实施者,成员的业务能力、知识经验、年龄构成、工作态度等因素影响着公共组织的职能履行。公共组织文化具有凝聚功能、导向功能和激励功能,可以凝聚组织员工的力量,激励员工团结合作,促进组织的良好发展。

3.公共组织生态环境的变化

公共组织作为社会系统中的一个子系统,其发展变化必然受到外部环境的影响。作为一种特征明显的公共组织,大学的发展与变革也受到外部环境的强烈影响,具体包括国际政治形势的变化以及社会经济形态的变化。如果外部环境可以称为公共组织赖以生存和发展的必要条件,那么内部环境可称为公共组织生存与发展的直接依据和现实基础。公共组织需要及时改变自己内部环境的管理来适应外部环境的需要,从而更好地发挥本组织的潜力。因此,公共组织还需要采取一定的策略来营造良好的内部环境,以改善管理效能。具体包括:树立正确的公共组织服务理念;优化与调整公共组织结构;建立与完善公共组织制度;加强人力资源管理以及构建和谐的公共组织文化等。

(四)基于公共组织变革理论的成人高校结构优化思路

1.以现实为出发点

社会公共组织变革的最终目的是使组织结构与组织功能保持一致,以便适应社会的发展变化。在充分研究我国成人高校运行机制的前提下,深入分析公共组织现行体制中存在的问题,建立符合高校发展趋势的组织架构是优化成人高校组织结构的重要前提。

2.以历史经验为借鉴

总结分析历史上的改革经验可以为未来的改革提供宝贵经验,从历史经验的成败中梳理未来组织变革的方向,借鉴组织变革成功的方法,为组织结构的优化与功能的提升提供方便。

3.以整体趋势为导向

国内外整体环境的变化趋势是社会公共组织变革和发展的前提。因此，公共组织的有效推进需要分析过往变革经验，把握社会发展趋势，制定组织结构优化路径与方案，选择恰当的变革时机，有计划地推进变革。

二、现代治理理论

现代治理理论的核心理念是在公共事务处理中，不再以政府为中心，而是政府和社会自治力量共同参与治理，强调管理主体的多元化及相关主体的有效协作。成人高校作为一个利益相关者组织，管理者、教师、学生、社会公众都是相关利益者，都可以通过恰当的方式参与成人高校的治理以保障其利益。

(一)现代治理的内涵

英文中的"治理"概念来源于古拉丁文和古希腊语，意在控制、操纵与引导。现代意义的治理在20世纪90年代前后出现，现代治理诞生于西方国家对政府与市场之间相互关系的反思，它寻求的是政府、市场、社会三者之间的协调互动。现代治理目前正逐渐成为一种国家意志和全面深化改革的理论依据，从现代治理的角度来探讨成人高校改制转型具有现实意义和理论价值。治理的本质是多元主体通过共治实现善治的过程，实质是权力的平衡关系与运行机制。现代治理为教育治理注入了新的价值因素，从现代治理的视角审视成人高校改制转型，其蕴含的多中心治理框架、多元价值理念、多极化合作与网络式互动，有助于厘清新时期成人高校改制转型的基本使命、参与主体、分析单位、保障方法等。[①]

(二)现代治理的特点

第一，多中心架构。在现代治理体系中，政府不再是治理的唯一主体与权力中心，治理的主体逐渐呈现出多元化、多中心化的特点。在现代治理理念下，诸多公共的或私人的社会机构成为不同层面的权力执行者，得

---

① 郭文富.现代治理视角的高等职业教育质量保障研究[D].上海：上海师范大学，2018.

到公众的认可。

第二,权力转移与平衡。现代治理中,政府把以往由它承担的责任部分转移给社会,随着权力的转移,权力运行方向由之前的自上而下的单一方向转向上下沟通、相互合作、彼此协商的多元互动。通过恰当的授权,各组织的积极性得到有效发挥,为有效治理奠定基础。

第三,组织依赖与自主网络形成。社会公共组织之间存在权力依赖,各个组织之间如果要达成集体行动目标,就需要开展目标协商、资源交换等活动,为了提升工作效率,节省沟通成本,需要构建多样化的社会网络组织,形成共建共治共享的治理格局。通过治理,相关组织通过自主的协调网络共同开展公共事务管理。

第四,政府服务能力的提升。现代治理理念下,政府的职能应由管理转向提供服务,着力于提供制度保障、政策激励与规范约束。政府在社会力量是否能够介入,怎样介入等方面提供制度,审查其他治理主体的资格和行为规范,并激励社会力量进入某些公共事务治理领域。

现代治理视角下的成人高校改制转型研究立足于成人高校改制转型的基本问题、价值取向、参与主体、运行机制,讨论成人高校改制转型的相关要素,从国家政策、区域环境、学校自身等因素分析相关主体间的关系,形成成人高校改制转型的各类模式。

(三)现代治理视角下成人高校改制模型

1. 强化治理理念

现代治理理念强调治理是一个政府与社会机构为了达到共同目的而进行的持续互动过程,而不是一套正式的规章制度。成人高校的改制转型要在现代治理理念下以中国特色社会主义制度的框架为前提,强化高校的社会主义办学方向,以社会主义核心价值观为引领,尊重学术自由,创建和谐的校园文化,建立科学的治理规章制度。

2. 优化治理结构

制度对于治理的重要性不言而喻,稳定的制度结构是有效治理的基础。在现代治理理念的关照下,成人高校内部政治权力、行政权力和学术权力的良性互动的基础是学校内部制度结构的优化。成人高校的制度建设包括大学章程的设置,学校内部权力边界、权利关系、组织结构的明确,校院二级管理体制的建立。成人高校可以依托规章制度的建立与完善厘清政治权力和行政权力的边界,通过赋予学术委员会等学术组织决策的权力,限制行政权力对学术的越位行为。

3. 理顺权力运行

成人高校的权力运行要强化权力主体的责任意识。在高校内部,党委、校长、学术委员会等权力主体在行使权力的过程中要强化法治观念,教师和学生要有维护自身权益的权利意识。学校的管理要公开透明,通过校务公开、政务公开来提高学校管理的法治化与民主化。成人高校改制后要以大学章程为抓手,逐步构建现代大学治理体系,修订完善学校各类规章制度。坚持党委领导下的校长负责制,逐步完善学校依法治校、自主管理、自我约束的体制机制。建立健全科学合理、多元灵活的教师考核评价体系。根据人才培养目标和标准,建立健全学生评价体系,完善学生评价机制,培养面向未来的卓越人才。

三、生态学理论

(一)生态学的内涵

"生态学"一词最早由德国动物学家赫克尔(Ernst Haeckel)提出,他认为生态学是研究生物有机体与其周围环境相互关系的科学。这标志着生态学这门新学科正式诞生。生态学研究生命有机体在其成长过程中与其无机及有机环境之间发生的相互依赖与相互制约的关系。[1]任何生物种群,以及群体与其周围的自然环境组成的自然整体,都属于生态系统。公共组织的运行与发展总会受到内外部环境的影响,生态学能够帮助人们正确认识生态规律,来为人类谋取更大利益。生态学认为,有机体与其

---

[1] 何跃,贺芒.公共组织管理[M].重庆:重庆大学出版社,2019:53.

周围的环境作为生态系统的两个基本组成部分,两者之间存在着功能上的相互依存关系。生态学理论强调系统思维和整体思维,强调从整体系统角度认识公共组织及其周围环境。有机体与其周围环境之间存在着有规律的相互联系和相互作用,它们之间保持着动态平衡关系,有机体的生存与发展需要持续不断地与其周围环境进行连续的、动态的能量、物质和信息的输入与输出。

(二)成人高校的生态特征

成人高校具有整体性、结构性、层次性、功能性、相对稳定性和变异性等基本特征,此外,还具有以下生态特征。

首先,成人高校是教育要素与外部环境不断进行物质与能量交换的系统,有其发生、发展的过程,具有内在动态变化的能力,具有生态区域性特征。成人高校是自然历史文化发展变化的产物,成人高校的演替在人的发展过程中不断进行。[①] 生态系统通常反映一定地区的特性与空间结构,在与周围环境的互动过程中,生态系统中的生物需要不断与环境相互作用、不断适应生态环境,进而产生生态区域特性。成人高校的存在与发展也离不开它所处的社会环境与生存空间,成人高校的存在是高等教育适应环境的结果。

其次,成人高校是一个复杂有序的较稳定的系统,具备自我调节功能。生态系统是由多种生物成分与非生物环境构成的,是复杂的、稳定的。成人高校也是包含着由多层级、多要素、多个子系统形成的错综复杂关系的综合体,这决定了成人高校的复杂性。成人高校也是一个能量流动的、物质交换的、信息传递的功能单元,具有明确的功能。同时,成人高校作为能量开放系统,也需要在能量的输入与输出中保持平衡并维持下去。因为成分多样,在能量流动与物质循环过程中,系统具备较强的调节能力。成人高校的自我调节功能主要表现为高等教育的发展与社会需要的调节、同类高等学校的分布调节、不同类型高等学校的数量调节。

最后,成人高校是以人为中心的系统,核心要素是人。人相对于一般

---

① 贺祖斌.中国高等教育系统的生态学分析[D].武汉:华中科技大学,2004.

动物而言，具有突出的社会属性，不但可以通过生物生态适应和文化生态适应来适应环境，而且能够通过自身习得的文化，能动地利用环境、改造环境。在成人高校中，教育者和受教育者是占主导地位的人，是整个系统的核心要素。成人高校是以教育者和受教育者为中心的生态系统，系统中的人对生态系统的回应决定着生态系统的状况与质量。

（三）生态学视角是探讨成人高校改制转型的新思维

21世纪以来，人类社会面临日益严重的环境恶化、生态失衡等问题，由于资源再分配引发的人类之间的不协调关系日渐危及人类自身的生存与发展。人类需要建立生态意识，在更高的层面重新认识人与自然的关系、人与人的关系，以实现人与自然、人与人的和谐相处。在教育系统中也存在生态失衡问题，用生态学的观点、方法来研究高等教育系统中各元素之间的关系，使高等教育处于一种动态平衡的状态有重要意义。[①] 用生态学的观点分析教育领域中的要素时，不能把教育与教育对象简单地作为单个有机体来认识，教育作为一个有机体需要与环境进行物质与能量的交换、信息的传输。从生态学的视角来看，教育是有机体与环境统一的自然整体，教育只有在与环境相互联系和作用的过程中才能存在、发展、延续以致壮大。[②]

1.成人高校生态分析的原则

用生态学理论分析成人高校的改制转型要遵循以下原则。

第一，综合性原则。从生态学的视角来分析成人高校需要坚持自然学科与社会学科的综合研究，注意发挥生态规律对高等教育活动的指导作用，要重视成人高校与自然生态环境、社会生态环境及规范生态环境之间的相互影响、相互作用，要重视与成人高校密切相关的社会生态因子对高等教育的影响。

第二，应用性原则。高等教育生态研究由于与教育资源的利用、教育制度的分析、所属区域经济与发展、生态政策等密切相关，所以具有较强

---

① 贺祖斌.中国高等教育系统的生态学分析[D].武汉：华中科技大学，2004.
② 贺祖斌.中国高等教育系统的生态学分析[D].武汉：华中科技大学，2004.

的应用性。高等教育的生态研究重点应放在解决高等教育中应用性较强的领域,如高等教育的生态承载力、生态环境建设等。

第三,生态学原则。成人高校是一个以教育者和受教育者的行为为主导,以教育环境为依托,以教育资源流动为命脉的复合生态系统。生态学的研究方法是高等教育生态研究最重要的方法和手段。按照生态学的思想和生态系统的特点来调控成人高校,可使系统保持生态平衡,避免人为破坏,从而实现成人高校的生态可持续发展。①

2. 成人高校生态分析的视角

成人高校的改制转型可从以下视角出发。

第一,成人高校的生态关联性。生态系统中的各具体生态要素是普遍联系且相互作用的。从空间结构来看,生态系统是具有整体关联性的系统;从时间发展来看,它是历史发展的系统。从生态系统关联性的视角分析成人高校有利于全面了解成人高校系统内的生态要素之间的关系。成人高校的关联性主要表现为成人高校与社会系统的关联以及成人高校内部各要素的关联。高等教育系统与社会政治、经济、科技、文化系统一样,都属于人类社会自我发展的子系统,高等教育以外的社会因素都是与高等教育发展息息相关的环境。高等教育与社会的政治、经济、科技、文化之间存在一定的物质、能量的交换,彼此之间形成一种相互依赖、相互适应的关系。

第二,成人高校的生态适应性。生态系统中的适应性是生物有机体对周围环境的适应。这种适应既包括生态主体通过自身结构与功能的完善,进而改变环境使其有利于自身生存,也包括有机体通过自身结构、生活习惯等的改变来适应周围环境。成人高校对社会环境的适应主要表现在成人高校所培养的各级各类人才的质量和规格符合社会子系统的要求。教育者与受教育者作为成人高校内部的主体,对环境的适应既包括人对成人高校外部环境的适应,也包括教育者与受教育者对学校内部生态环境的适应。

---

① 贺祖斌.中国高等教育系统的生态学分析[D].武汉:华中科技大学,2004.

第三,成人高校的生态共生性。在生态系统中,共生指的是两种或两种以上的不同生物之间任何形式的共同生活。成人高校的共生关系体现在不同类别的成人高校之间的相互关系上,但这种共生往往表现为单向度的依存。高等教育生态主体需要优化内部生态环境,提高自身适应环境的能力,这是得以持续发展的重要手段。共生和竞争既存在于教育组织之间,也存在于教育组织内部的成员之间。在成人高校发展中,应提倡合理的、良性的竞争,以此促进成人高校的可持续发展,使成人高校和个体在共生中成长,在竞争中发展。

第四,成人高校的"遗传"与"变异"性。任何类型的大学都是"遗传"与"变异"的产物,这一论断在高等教育领域产生了广泛影响。遗传的出发点是保持物种特性,而变异则是对物种的辩证否定。因此成人高校在发展过程中,一方面,要保持自身已形成特色的传统,即所谓的"物种"特性,而维持高等教育中共有的"大学自治"和"学术自由"的"大学理想"[①]的存在;另一方面,为了适应环境的变化,就得不断地改进和变化,通过系统的"基因"重组,达到高等教育的"变异"——发展与创新。[②] 阿什比(Eric Ashby)认为,有机界中与大学中一些新形态的出现,都要经过更新或杂交的过程。[③] 成人高校的变异性是指根据环境的变化来适应新的发展,并以新的观点或标准去认识和评价成人高校中的各种生态现象和问题。

第五,成人高校的生态可控性。奥德姆(Eugene Pleasants Odum)指出人类站在自身所在的生态系统的最高控制点上,人不仅是生态系统中的消费者,也是生态系统的调控者。成人高校是人类自己设计、建构、调控的人工生态系统,是具有可控性的生态系统。加强对成人高校的调节控制是确保成人高校可持续发展的基础,按照"循环再生、协调共生、持续稳定"的生态调控原则,对成人高校进行调节控制,使教育资源使用合理化和最优化,使成人高校保持生态平衡,以实现成人高校的生态可持续发展。[④]

[①] 吴松,沈紫金.WTO与中国高等教育发展[M].北京:北京理工大学出版社,2002.
[②] 袁鼎生.审美生态学[M].北京:中国大百科全书出版社,2002.
[③] 阿什比.科技发达时代的大学教育[M].滕大春,滕大生,译.北京:人民教育出版社,1983.
[④] 贺祖斌.中国高等教育系统的生态学分析[D].武汉:华中科技大学,2004.

第二节　成人高校改制转型的生态分析

一、把握成人高校改制转型与社会发展的关系

我国成人高等教育在开始阶段具有自身的功能定位,但在发展过程中出现了与普通高校趋同的现象。由于国家对成人高等教育采取承认其学历的政策,因而成人高等教育在普通高校"大扩招"之前保持不错的形势。但目前,面对社会发展的新形势,转型成为社会发展的需要。成人高等教育的重要办学目标之一就是为社会和经济发展提供人才支持,而为社会输送应用型技术人才正是成人高等教育为区域服务的重要内容。随着我国政治体制、经济体制的深入改革,当前的社会形态正在从传统社会向现代社会、从农业社会向工业社会、从封闭性社会向开放性社会变迁和发展。

在社会转型时期,社会对个人的知识技能要求也在不断提升。社会各行各业的管理人员、生产人员、销售人员、操作人员都需通过不断学习和培训提升自己,适应社会对人才的需求。但社会大众依然崇尚以学历教育为主,以技能培训为辅。成人高等教育迫于现实需要并没有充分发挥其为广大成人学习者服务的作用,也没能提供多维度、多层次、多样化的继续教育服务。因此,在社会转型的背景下,成人高等教育也迫切需要转型。

现如今的社会,无论是基层技术应用型人才队伍的打造,还是高层次的领军人才和高素质人才队伍的建设,都需要成人高等教育的支持。建设社会主义现代化强国不仅要提高劳动者的职业素质和能力,更要改善劳动者的精神世界,使其拥有新的思维、开阔的眼界、崇高的境界,从而逐步提高整个国民的道德水平。在国家大力推进城镇化发展的当下,数以亿计的农民工正在从农村迁移到城市,这无疑为成人高等教育的转型带

来了新的契机和挑战,也就是如何为外来务工人员提供优质教育服务。各成人高校只有用开放、包容的观念为引导,给予外来务工人员更多的人文关怀和政策支持,实现多元发展,改革办学体制,才能适应形势的需要。①

二、把握成人高校改制转型与国家战略的关系

成人高校作为我国高等教育体系的有机组成部分,为国家建设培养了一批批人才,由于社会的发展,成人高校面临巨大的挑战,而成人高校陷入发展困境会制约国家终身学习体系的构建。成人高校的改制转型需要把国家战略作为改制的指导方针与前进动力。国家在发展的不同时期,为了实现发展总目标会制定相应的教育战略,成人高校要将国家战略作为改制转型的总指导,在认识上、行动上与国家战略保持高度一致。成人高校的改制转型关涉整个国家的发展与社会的进步,成人高校应从国家角度认识转型发展对国家战略的价值,在与国家战略保持高度一致的前提下调整自己的发展方向与方式,以推动国家战略目标的顺利实现。成人高校的改制转型离不开国家的支持。在国家战略目标指导下进行改制转型,重新定位自身的发展目标与策略,是成人高校在改制转型时应首要考虑的因素。成人高校在改制转型过程中要紧密围绕国家战略和民生需求,将自己的改制转型与国家人力资源建设、区域发展、社区发展和社会发展相结合,培养社会、区域、群众需要的高水平创新型人才,以自己的努力为国家战略目标的实现做出贡献。

三、把握成人高校改制转型与区域发展的关系

成人高校作为地方院校,其招生、就业、培养的全过程离不开所在区域的支持。教育改革与市场紧密联系,成人高校的改制转型要考虑与招生市场、教育市场、就业市场的互动。成人高校在改制转型之前要对所属区域的市场需求和行业发展做充分的调研,教育培养周期长、见效慢,而

---

① 刘允杰.成人高等教育转型研究——以宁波市为例[D].宁波:宁波大学,2017.

市场变化快,两者之间内含的矛盾要求成人高校的改制转型要从长远需求出发,遵循教育规律与市场发展规律,从而制定可持续发展战略,形成教育与区域市场良性互动的生态系统。在改制转型过程中,成人高校要深入市场系统调研,对市场需求做全面诊断,根据市场需求不断调整人才培养方案,培养能够服务区域经济发展,受地方认可的毕业生。成人高校在与教育市场的互动中要明确其在教育市场中的地位,在改制转型的过程中注重整合资源,激活潜在资源,提升整体实力。[①] 就业市场的反馈是检验成人高校改制转型的首要标准,因此成人高校在改制成功后的转型发展期需要深入分析就业市场的状况,制订与就业市场相适应的培养计划,培养被就业市场认可的合格人才。

四、把握成人高校改制转型与自身发展的关系

发展是包括成人在内的所有人共同的人生任务,成人既面临发展的需要,也具有发展的可能;随着社会的不断发展,在知识社会中,学习是实现成人发展的有效手段;引导成人学习,促进成人发展是成人高等教育的根本所在,也是成人高等教育转型的基本价值追求。[②] 随着 21 世纪的到来,在高等教育快速变革大发展的背景下,全国各地的成人高校也迎来了大的转变,被合并的、被撤销的比比皆是,成人高校的数量越来越少。成人高校受到普通高校扩招、民办高校大发展以及网络教育、在线学习等多种办学形式的冲击,陷入了招生难、生源紧张的发展困境。现阶段的成人高校发展面临诸多问题,如不同类型、不同层次的教育发展不平衡;各级各类教育之间缺乏有效的沟通衔接和资源共享;各地区的学习资源、学习机会以及服务分配不均;重学历教育、轻非学历教育等局面依然存在。当前,在国家大力倡导构建终身学习体系的机遇下,成人高校要想摆脱以上困境,迎来新的发展,必须紧紧抓住机遇,及时转型。

---

① 朱柳玉.我国独立设置成人高校转型发展研究[D].南昌:江西师范大学,2016.
② 余小波.我国成人高等教育转型的研究[D].厦门:厦门大学,2007.

第三章　宁波教育学院改制是历史的选择

任何类型的大学都是"遗传"和环境的产物。这里的"遗传"是指高等教育应遵守的信条,它是大学发展的内在逻辑。内在逻辑对高等教育体系的作用犹如基因对生物体系的作用。所谓环境,是支持大学的社会体系和政治体系,它是影响大学变革的外在因素。"遗传"和环境之间保持着动态的平衡,只有达到这种平衡,高校才能更好地为社会服务。如果以宁波教育学院的发展历程来印证这一原理,人们会发现这所出生、发展于沿海城市的学校也在不断地寻求自身价值,进而确认其内在逻辑——"我是怎样的一所学校""我服务的对象是谁""我可以提供怎样的服务""如何提升我的服务质量"……在不断地求索和不停止地追问间,学校慢慢达到了内外的平衡,找到了属于自身发展的"精神内核"——求变、求发展的变革精神。这点从学校的发展历程中可见一斑。

第　节　宁波教育学院发展历史及其变革精神[①]

1959年5月,宁波市人民政府成立了宁波市教师训练班,1960年1月更名为宁波市教师进修学校,1968年,转为普通中学。1983年,市政府

---

① 摘自2019年宁波幼儿师范高等专科学校60周年校庆纪念册《春华秋实(1959—2019)》。

将宁波市教师进修学院与宁波地区教师进修学院合并,重新成立宁波教师进修学院。1984年2月,宁波教师进修学院更名为宁波教育学院。2019年5月,宁波教育学院改制转型为宁波幼儿师范高等专科学校。学校60余年发展中多次的更名调整一方面显露出学校的发展过程,另一方面也反映了时代需求的不断变化。"调整"即寻求"自我",而在"自我"与社会需求的平衡过程中,学校逐渐确认了发展的内在逻辑——服务社会即价值。社会需求在变化,学校必须随之变化,获得价值身份,得到发展的空间。

一、变革一:从"训练班"到"学校"

新中国成立后,经国家第一个五年计划,宁波社会面貌发生了根本性变化,各项事业蒸蒸日上,尤其是宁波教育事业发展极快。职工业余教育及普通中小学校数量猛增,但教师数量不足、教学质量不高的问题比较突出,中小学教师培训的需求愈加强烈。在这一背景下,宁波市教师训练班成立了。

(一)筹建宁波市教师训练班

1959年3月,宁波市教育局委派陈桂年、王品法、汤定贵等同志筹建教师培训机构,由陈桂年担任筹备组组长。5月中旬,经宁波市委同意,市教育局决定将教师培训机构定名为宁波市教师训练班,建立党支部,陈桂年任党支部书记,直属市教育局领导。地点设在宁波市药行街原工人疗养院。1959年6月,宁波市教师训练班从各工厂招收具有初高中毕业文凭的在职职工49人,分成两个班,培养职工业余教育教师。1959年下半年,宁波市教师训练班迁至江东彩虹路22号原鄞县党校。同时,宁波师范学校函授部、进修部并入宁波市教师训练班,教职工25人,其中教师10人。

(二)成立宁波市教师进修学校

1960年1月,经宁波市委批准,宁波市教师训练班更名为宁波市教师进修学校,第一次获得了"学校"的身份,并搬迁到原宁波市湖西国药厂。学校先后设立了函授部、面授部、进修部及语文、数学等教研组。同年3月,陈桂年调离,由张恒芳接任党支部书记,市教育局副局长吴田兼任校长。同年9月,宁波市委又任命臧志通为副校长。1961年,先后调入陈炫仁、邬慕崐任副校长。宁波市具有一定影响力的教师吕敏寅、陆冰扬等相继调入学校。市教育局让学校优先挑选每年新分配的高师院校毕业生,师资力量得到强化。经过短短两年多克勤克俭的建设,学校有了校舍等固定资产,有了一支较为干练的干部、师资队伍,保障了学校的进一步发展。

(三)建"教师之家"

1960年暑期,学校搬迁到原冶金学校。同年9月,学校按照市教育局部署,招收具有小学以上文化程度的农村青年200余人进行培训,以充实小学师资队伍;对地区和市区未达中师毕业文化程度的在职小学教师开展初师、中师课程的系统进修培训;对市区部分中学教师进行高师中文、数学两个专业的系统进修培训。1961年9月,市教师进修学校招收初中、小学毕业生600余人,学生全部寄宿,班级分为速师班和初师班,培养新教师。同年10月,学校搬迁至广济街原医专,两三个月后再次搬到海曙区云石街原宁波市崇实中学。同月,市教育局贯彻"调整、巩固、充实、提高"的八字方针,对教育事业进行大调整,将速师班并入宁波师范学校,初师班学生全部回乡落户。学校保留函授、面授两种办学形式,加强教学资料建设,增设"教师之家"。

到1963年,在校学员数达572人(其中高师112人、中师460人)。1964年4月,学校制定《培训部学员教育实习(见习)计划(草案)》,对实习目的、实习内容、实习时间及实习的组织领导等做出具体规定。1965年,在校学员数达1372人。1966年始,宁波市教师进修学校的师资培训工作全部停顿。1968年9月,宁波军管会教育革命办公室决定,将学校搬迁到江北槐树路,改建为浙江省宁波工农路中学,次年更名为宁波市第十三中学。

宁波市教师进修学校建校六年多,校址迁移六次。学校历尽艰辛,形成了一定办学规模,校舍建筑面积达 3000 平方米,图书近 4 万册,报刊 150 余种,并配备一定数量的教学仪器设备,自制了直观性强的教具 30 多件。学校秉承教师培养、培训的宗旨,积极探索办学路子。师资培训的范围不仅在市区,还包括镇海、北仑、小港、大榭、大碶、柴桥、三山、郭巨、庄桥、庄市、洪塘、慈城、骆驼、横溪、姜山、凤岙、横街、集仕港、樟村、大嵩、五乡、邱隘、宝幢等乡镇;培训对象主要是小学教师,也包括部分初中教师;培训的形式有面授,也有函授。培训班既有时间较长的脱产培训班,也有类型多样的短训班,培养和培训了一批中小学教师和职工业余教师,促进了宁波教育事业的发展。时任中国科学院院长郭沫若曾为学校题词"教学相长,为民作藏",并书写"教师之家"的匾额,彰显学校在宁波市教育界的影响、声誉及贡献。

(四)建宁波市教师进修学院

1977 年,教育部召开全国师资培训座谈会。1980 年,教育部印发了《关于加强中小学在职教师培训工作的意见》,要求各地进一步重视和加强教师培训工作,对中小学教师培训工作进行了部署。根据教育部指示精神,浙江省将恢复或重建教师培训机构的问题提上议程。宁波教师进修机构也进入一个恢复、重建、发展的新时期。在这一背景下,1978 年 1 月,宁波市委决定筹建宁波市教师进修学院,校址设在菱池街 9 号,实行边筹建边办学工作策略。同年 4 月,宁波市委、市政府正式批准成立宁波市教师进修学院,并建立党支部,张恒芳任党支部书记,主持日常工作。市教育局局长叶楠兼任院长。1981 年 4 月 15 日,浙江省人民政府〔1981〕44 号文件批复,同意建立宁波市教师进修学院,并指明,学院享有与师范专科学校同等的地位和待遇。

1978 年秋,学院开始招收业余进修学员,其中高师学员 594 名,中师学员 340 名。招收的业余进修学员主要是未达专科毕业或普师毕业的初中、小学教师。入学采取"自愿报名—基层领导同意—入学考试—择优录取"的方法。高师部开设中文、数学、物理、化学、英语、生物、政治、音乐八个专业。中师主修语文、数学等三门课程。培养以面授为主,结合自学、作业,经过严格考核,符合结业、毕业标准的学员分别颁发结业、毕业证书。第一批学员分别在1982年、1983年完成规定的师专、普师课程。同时，学院举办各类短期培训班，开展多种形式的教研活动，帮助那些不能胜任教师岗位的同志尽快适应教学工作。张恒芳等院领导班子凭着强烈的事业心和责任感，与全体教职工齐心协力，艰苦奋斗，使学院各项工作很快走上正轨，并得到快速发展。

1978年10月，宁波地委、地区革委会批准成立宁波地区教师进修学院。校址设在横河街98号（现横河街58号）；轮训部借用宁波市泗州路小学的部分校舍（后又借白沙路小学部分校舍）；文印室和地区教研室小学教研组则设在呼童街大众印刷厂内。同年，地区教研室并入地区教师进修学院。1981年4月，浙江省人民政府发文同意建立宁波地区教师进修学院。同年，宁波地区行政公署发布《关于省府批准建立宁波地区教师进修学院的通知》，指明"凡按规定手续批准的地（市）级教师进修学院，相当于师范专科学校"。由此，学校再次正式成为"学校"。具备了学校资格后，业务工作拓展为高师函授教育、轮训工作和教研工作三个方面。

从"训练班"到"进修学校"再到"进修学院"，学校的身份发生了质的变化。这不仅仅是业务范围的差别，也包含了一个机构从初创到雏形的全部过程。在这一过程中，学校解决了几个重要问题：一是"我是谁"的问题，明确了自己的"教育"身份；二是"我要做什么"的问题，明确了自己以中小学教师为服务对象；三是"我怎么做"的问题，明确了以提高规范化水平为主要发展方式。此外，十几年的教师培训培养工作收获的认同、走过的弯路提升了学校发展自信——从培训到进修，学校的着眼点从关注"片面人"到"全面人"，从技能、方法的训练到理念学养的培养。这些也令学校意识到教育行业的日新月异，因此要时刻保持发展状态。这是学校发起的第一次变革，初步显露出其服务社会需求的精神内核。

二、变革二：从学历教育到成人本科函授教育

1983年5月31日，浙江省委决定并报国务院批准，实行市领导县的体制，撤销宁波地区建制。同年9月，宁波地区教师进修学院与宁波市教师进修学院合并，定名为宁波教师进修学院，校址设在菱池街9号。中共

宁波市委决定由原地区教育局局长、党组书记石奇才同志任党委书记、院长。1984年2月22日,教育部公布首批经审查备案的全国162所"教育学院"名单,以统一同类教师培训机构的称呼,同年2月27日,浙江省人民政府浙政发〔1984〕30号文件批复同意宁波教师进修学院更名为宁波教育学院。

(一)学历教育

鉴于当时大多数中小学教师学历不符合国家规定要求的现状,学院把初期的工作重点放在学历补偿教育方面。学历教育初期采取的形式有函授、业余面授和离职进修等。20世纪80年代中期开始举办全日制形式的学历教育。1985年5月,省教育厅批准学院新设高师专科生化、美术专业,为脱产进修,学制2—3年。同年9月16日,学院第一个全日制大专班开学,40名新生从全国高校统一招生中录取。此后,招生专业逐年拓展。至1991年底,学院拥有政治、中文、数学、物理、化学、生物、历史、英语、音乐、美术、体育等11个单学科专业和生化、政史2个双学科专业,以及面向社会招生的计算机、电教等7个专业。经过10年左右的学历教育,至1990年底,全市有2000多名中学教师获高师专科文凭,中学在职教师的学历合格率由原来的30%左右提高到70%左右,参加学历教育的教师数量因此逐年减少,学院继而转向学历提高教育。

20世纪80年代初期,学院承担全市各县(市)区中师函授教育的组织管理和业务指导,80年代中期,学院就与浙江师范大学、华东师范大学合作,设立本科函授站,对宁波市部分中学教师进行高师本科学历教育。为此,学院成立中师部,对全市小学教师展开系统进修培训。截至1992年底,全市3000余名小学教师在学院取得中师毕业证书。历时10年左右的中师函授工作暂告段落。

(二)成人本科函授教育

1993年11月,经国家教委批准,学院获成人本科函授招生资格。1995年,学院正式招收汉语言文学专业的本科函授学员,此后又陆续拓展到数学、外语、教育管理专业的本科函授学员,学院也由此成为本专科结合、以专科为主的成人高师院校。从 1998 年第一届函授本科学员毕业至 2019 年,共计有 17835 名学员毕业,其中,汉语言文学专业、教育管理专业等学员占了相当大的比例。

21 世纪初,成人学历教育招生数稳中有升,但三四年后则明显回落。在新的形势下,学院多途径探索成人学历教育路径,取得了较好的成效。一方面,学院加强与其他教学机构的合作办学,通过"走出去""送教上门"等方式,在全市各县(市)区及省内若干地市设立了十几个教育合作小学点,携手开展函授学历教育。2001 年,学院在全市各县(市)区及舟山、丽水、台州等地设立了教学点,与舟山蓉浦学院、丽水学院、台州学院等院校建立了合作关系。同时,经省招办同意,预科生的招生范围扩大到台州,覆盖了浙东三个地区,2001 年招生数约 1000 人。2002 年,学院成立华东师范大学远程教育学院宁波学习中心。另一方面,学院有效地统筹和整合内部教学资源,形成发展合力,并根据社会对人才的需求,积极开展非师范类专业教育。2001 年,学院首次招收计算机信息管理等两个专业的非师范类成人全日制大专学生,使学院的办学空间有了新的拓展。至 2004 年底,本科函授专业从 2000 年的 5 个增至 18 个,包括教育学(小学教育)、音乐学、计算机科学与技术、美术学、物理学、思想政治教育、体育教育、法学、行政管理等本科专业。

2004 年,在全省成人学历招生大幅度滑坡的情况下,学院的成人学历教育招生规模稳定在一定水平,共录取全国成人高考新生 2062 人。2004 年全院在读的本科、专科学员(生)达 5215 人。学院之所以取得好成绩,与其自身的改革密不可分。

(三)内部管理体制改革

2000 年始,学院根据事业发展的需要,对内部管理体制进行改革。其一,调整内设教学机构,设立人文、科技、教管、艺体 4 个分院。其二,撤并部分党政机构。其三,改革财务制度,对分院办学经费实行包干。其四,修改人事核编方案,实施全员聘用制,并深化学院内部分配制度改革,逐步建立良性的竞争机制,调动教职工的积极性。其五,食堂实行招标承包,招待所实行全成本目标管理,推进后勤社会化进程。为了实施新的内部管理体制,学院出台多项举措,以确保工作的正常运行,实行两级院务公开。

从教学楼到实验楼,从教职工宿舍到教职工住房,从图书馆到学院学报,从1987年第一批副教授到1996年两位教授……两院合并后,宁波市委、市政府及市教育局都十分重视宁波教育学院的建设,重视学院领导干部的配备,在此期间先后有王师荣、毛信伟、洪万辰、张义彬等同志从教育局、其他高校或政府部门领导岗位抽调,转任学院党委书记或院长等主要领导职位。特别是1993—1997年,市委任命市教育局党委书记、局长岑申同志兼任学院党委书记、院长;1997—2001年,任命市教育局党委书记、局长华长慧同志兼任学院党委书记。在历任领导班子的带领下,全院上下团结奋斗,积极进取,使学院建设初具规模,师资培训得到迅速发展,培训质量得到明显提高。"护航"宁波基础教育的社会效益犹如小荷露"角",展露新颜,为学院进一步改革发展奠定了基础。

三、变革三:从成人教育到全日制高职教育

20世纪末至21世纪初期,中国教育迎来了跨越式大发展。宁波地方高校进行结构性调整,并引发了宁波师范教育体系的巨大变化,宁波教育学院生存和发展也受到严峻挑战。面对新形势、新情况,1999年8月王伯康同志担任学院院长,在学院党委的领导下,全院上下开展教育思想大讨论,明确学院定位,抢占发展机遇,围绕"提质增效",狠抓干部队伍和内部机构改革。2000年1月,沈觉人同志担任学院党委书记。在新的领导班子带领下,学院全体教职工努力寻求办学路子的突破,千方百计,克服重重困难,拓展并获得了全日制高职办学资格。

(一)形成"一校三中心"的格局

2005年3月,教育部和国家发展改革委联合发文《教育部、国家发展改革委关于下达2005年全国普通高等教育招生计划的通知》。在市政府和市教育局的支持下,宁波教育学院获准取得独立举办全日制高职的资格。至此,学院实现学历教育的新突破,迈开全日制高职教育的步伐。

2005—2015年,领导班子几经变更,但始终秉持攻坚克难的精神,不断改善学院办学条件,拓展办学功能,逐渐形成"一校三中心"的格局,持续推进学院蓬勃发展。

2001年9月,宁波市教育行政干部培训中心正式成立,挂靠在学院,与干训处合署办公。2001年,学院根据宁波市教育局制定的《宁波市"十五"期间中小学校长培训工作实施意见》,将干训工作延展到"骨干校长培训"。"十五"期间,学院分别举办资格培训、提高培训、骨干培训、名校长培训等全市干训项目581人次、3784人次、256人次、89人次,其他各类干部培训452人次。

2004年,1994年8月成立的小学教师培训中心(由宁波教育学院迁建之初成立的中师部与1990年11月成立的、挂靠在宁波师范学校的宁波市小学教师培训中心合并,时任市教委师训处处长兼任该中心主任)回归宁波教育学院。2005年3月,宁波市教育局将小学教师培训中心和宁波教育学院师训处合并,发文组建宁波市中小学教师培训中心。关系理顺后,学院师训工作开创了新局面。"十五"期间,该中心重点做好中小学骨干教师培训,并逐步形成了以名师培训为龙头的骨干教师培训体系。与此同时,学院全面高效地开展中小学教师全员培训。"十五"期间,全员培训和骨干培训分别达到43287人次、3200人次。

2009年4月,宁波市幼儿教师(园长)培训中心挂靠学院(原挂靠宁波大学),干训处、师训处分别承担幼儿园干部和教师培训。学院按照"全员推进、分类实施、市县联动"的原则,制定了《2009—2010宁波市幼儿园园长培训规划》,两年共完成437名幼儿园园长任职资格培训,以及700余人次园长(含骨干园长)和3250人次幼儿教师(含骨干教师)的各类培训。2010年8月,有6名园长被评为宁波市名园长。2010年,该中心联于县(市)区,初步建立了二级幼儿教师培训网络,形成了以宁波市第一幼儿园等3家单位为龙头的市幼儿教师培训实践基地,在"十二五"期间,又新增24所培训实践基地。2012年,省级培训基地也落户该中心。

(二)做大成人教育

2006年12月,学院成立成人教育学院(以下简称成教学院),时与弘文培训学校合署办公。2007年5月,与四川农业大学远程与继续教育学院签署合作办学协议。2008年8月,成教学院独立,继续做大成人教育规模。2010年始,成教学院利用普通高校不能颁发成人脱产文凭的契机,积极拓展成人脱产学习模式(脱产专科、高起本),与浙江商业技师学院进行合作办学,全力做大成教脱产办学规模。同时,成教学院与宁波大市各教师进修学校合作,积极拓展成人学历教育规模。2009年,成教学院推行"学历+技能"教育模式。2010年,成教学院开始招收成人脱产专科。2012年,成教学院开始招收成人脱产本科(高起本)。2014年以后,成教学院组织力量修订成教脱产专业的各类教学计划,制定并完善《远程教育招生奖励制度》等管理办法。2014年,成教学院被宁波市人力资源和社会保障局确定为"宁波市首批专业技术人员继续教育基地"。2007—2018年,成教学院共培养函授(专升本、专科)9070人、脱产(高起本、专科)7659人、远程(专升本、专科)5386人。

(三)做优高职教育

2005年9月,学院招收文秘、应用英语、学前教育、计算机应用技术4个专业281名高职生,学制三年。2006年,学院在宁波广播电视大学增设宁波教育学院文教路校区管理委员会,并成立宁波教育学院文理学院,招收国际经济与贸易、会计电算化、新闻采编与制作、计算机应用技术、应用英语等专业的高职学生。2006年、2007年,学院先后制定《关于加强高职实验实训教学管理的规定》《宁波教育学院关于加强实验实训教学的意见》两项制度,并基本建成不同专业的校内实验、实训室24个,同时推进校外实习(实践)、实训基地建设。为了提高课堂教学质量,学院于2007年建立校、院两级教学督导体系,以及领导干部听课制度等,形成有效的教学信息反馈系统,同时开展优秀教学成果奖评选活动。在以后的办学过程中,学院持续强化人才培养模式的研究和建设。

2008年,学院出台《关于制定2008级高职专科专业教学计划的原则性意见》,在人才培养目标的修正、课程内容的整合、实践环节的强化、公共课课时数的压缩等方面提出六项原则性意见,启动第二批院级重点课程和扶持课程建设(据不完全统计,至2018年共有"学前教育学""玩教具制作""幼儿游戏理论与实践"等数十项课程得到建设）。2010年,学院开展"课堂教学改革年"活动,启动首届教研教改项目立项工作,先后出台、修订《教学建设专项经费使用与管理办法》《宁波教育学院2011级高职专业教学计划》等制度。2011年,学院启动"学前教育优势专业建设计划",并据此修订"学前教育五年制教学计划",持续推进五年制学前教育办学模式的改革和实践。

2012年,学院以重点专业、重点课程建设为龙头,创建特色专业,学前教育专业被确定为"宁波市高校特色专业"。2013年,学院以学前教育专业和校级重点专业建设为引领,开展"特色办学建设年"活动,侧重课程体系优化。学院认真贯彻党的教育方针,深入开展学生的思想政治工作,不断创新大学生素质教育模式。2008年,学院举办"大学生技能节""校园文化艺术节"等形式多样的校园文化活动。2011年,学院制定《关于深入推进大学生思想政治教育工作的实施意见》。2012年,学院制定《关于宁波教育学院学生素质提升工程实施意见》《宁波教育学院学生干部培养方案》,强化思想政治教育工作。2013年,学院制定《宁波教育学院学生心理危机干预预案》《宁波教育学院特困生帮扶管理办法》,修订《宁波教育学院高职学生综合素质记实量化评定办法》,规范相关学生工作,并开通了官方微博账号。2016年,学院成立了创新创业学院,启动学生创新创业计划,由此逐渐形成构建"全员育人、全过程育人、全方位育人"的工作体系。2008—2018年,学院共培养了10299名高职学生,平均就业率达96.36%。

四、改制——从宁波教育学院到宁波幼儿师范高等专科学校

从1984年2月27日至2019年,作为成人高校的宁波教育学院基本完成自己的历史使命。在《教育部关于"十三五"时期高等学校设置工作的意见》等文件的指导下,学院在又一次面临时代发展给出的选择题面前,改制不可避免。

从成人本科院校转型为全日制普通高等专科院校,应该保留哪些,舍弃哪些,理论根据在哪里,可供参考的经验有哪些……不同于以往,这一次变革的力度将是空前的,一系列陌生的挑战和考验摆在了面前。宁波

教育学院将重新定义自己的身份,重新确认教育服务的对象,而这将导致一系列的连锁反应,带来前所未有的深刻变革。

(一)学院定位为何

随着我国高等教育事业的快速发展,省、市教育学院在教师培养、培训中的历史使命暂告一段落,教育学院的联合、合并或改制成必然趋势,宁波教育学院该何去何从？2015年11月,宁波市教育局党工委委员、副局长苏泽庭同志调任宁波教育学院党委书记,与院长周波同志组成新的领导班子。

2016年12月6日,学院召开党政联席扩大会议,成立"1206项目办公室"。12月22日,转为"1206项目工作组",苏泽庭同志任组长,全面正式启动学院改制、转型工作。2017年6月,学院成立了改制领导小组,党委书记苏泽庭任组长。2017年12月,为支持宁波教育学院改制转型工作,宁波市(局)改制领导小组成立,时任宁波市委教育工委书记朱达任组长。2018年12月,学院领导班子调整,陈星达同志任院长。

2018年11月,中共中央、国务院印发的《关于学前教育深化改革规范发展的若干意见》提出:"办好一批幼儿师范专科学校和若干所幼儿师范学院,支持师范院校设立并办好学前教育专业。"这体现了国家对办好学前教育的坚定决心。经过学习研究,学院党政领导班子统一思想,明确改制构建一所"以培养学前教育师资为主、职前职后贯通的全日制普通高等师范院校"是学校唯一的出路。

改制工作启动后,学院"1206项目工作组"对当前学前教育师资需求进行了调研,发现全面两孩政策实施后,全省学前教育适龄儿童增长速度加快。至2022年,学前教育适龄儿童总数将达到峰值,为238万人,按照16∶1的生师比,届时需配备幼儿园教师15.87万人,近几年全省每年应增加4000—8000名幼儿园教师。根据这一需求现状,学院改制为"幼师高专"的定位就更加明确。

(二)培养何种人才

学院改制工作组分别赴北京、上海、江苏、湖南、湖北、陕西、贵州、广西、重庆等地进行了考察交流,重点考察了国内重点师范院校、改制成功的教育学院、办学特色鲜明的幼儿师范高等学校,并与国内知名教育专家进行交流探讨。调研发现,婴幼一体、幼小一体、职前职后一体是未来幼儿师范院校的发展趋势。此次考察吸收了同行成功改制的经验,明确了专业建设方向和人才培养模式。

2018年1月,为客观论证学院改制方案的科学性和合理性,学院在北京召开了专家论证会,邀请了全国政协委员,北京师范大学教授、博士生导师刘焱,南京师范大学教授、博士生导师顾荣芳等国内知名学者"问诊把脉"。专家们就专业建设、人才培养目标等问题提出了意见。最终,学院确定了以学前教育专业为主要人才培养方向,继而发展出系列相关专业群。

(三)是否保留职后培训业务

宁波教育学院以培训起家,在中小学、幼儿园的校长、园长、教师培训方面积累了大量经验,形成了一系列教科研成果。学院改制为全日制普通高等院校,是否意味着必然要舍弃职后培训业务呢?如果舍弃,学院会面临师资的拆分,几十年专业培训良好口碑的丧失,一个校区的割舍……如果保留,一所幼专如何继续承办全市的教育培训,资格从哪里获取?带着这些困惑,学院调研了其他成人高校,结果发现改制后的成人高校无一例外地舍弃了职后培训业务。宁波教育学院是否也只能亦步亦趋呢?

在学院党委书记苏泽庭等领导的奔走及多方争取努力下,宁波教育学院这块校牌得以保留,培训业务免于外流,一校两名的格局得以形成,这在成人高校的改制历史上添上了厚重的一笔。宁波教育学院将在未来继续服务于职后师资培训,同时也将增添一项新的任务——与幼儿教师的职前培养形成一个完整的培养体系。职前职后将携手培养优质幼儿师资,查漏补缺,互通有无。

第二节 宁波教育学院改制的各方节点

一、大学职能演变的历史节点对宁波教育学院的启示

（一）大学基本职能确立的历史节点

11世纪开始，西欧社会在经济、政治和文化等方面得到初步的恢复与发展，手工业生产能力大大提高，商品交换发达——尤其是大多数城市坐落在交通要道或水陆要冲，带来了贸易的扩大和繁荣，积聚了大量的社会财富。原来处于社会底层的市民、手工业者、商人等世俗势力成为一支不可忽视的政治力量，这些新兴社会力量迫切地要求享有接受教育的权利，大学应运而生，并与大教堂、议会共同构成了中世纪三个最有价值的遗产。中世纪大学带有鲜明的宗教性，以探求真理、完善人格为宗旨。

大学的第一次变革进行得异常缓慢且艰难，共持续了400多年。在洪堡（Wilhelm von Humboldt）正式对大学改革之前，很多国家都在极力地维护传统的大学发展模式。19世纪以前，科学研究不属于大学的职能，大学的作用仅限于保存传授已有的传统文化，而近代德国率先将科学研究确立为大学的主要职能。1809年，洪堡担任普鲁士内务部教育厅厅长。在为期仅16个月的任职中，他领导了德国历史上也是世界教育史上最重要的大学改革运动。洪堡反对传统大学将讲授知识作为主要职能的做法，主张大学的主要任务是追求真理，科学研究是第一位的。没有科学研究，就无法发展科学，也不能培养出真正的科学人才，大学教学必须与科研结合起来。科学研究首次被作为大学的基本职能之一，教学与研究相统一的原则得以确定，科研逐渐成了近代大学的核心使命与基本职能，柏林大学进而成为西方近代研究型大学的雏形，同时对后世大学产生了意义深远的影响。

但是以大学自治、学术自由和科学研究为主的大学理念也导致了大学与现实社会的脱节。直至 19 世纪中期,大学仍保持着探究高深学问、从事纯学术研究而远离社会现实的风格,并因其纯洁典雅、高贵神圣的形象被誉为"象牙塔"。在相当长的一个时期里,大学更多的是在"象牙塔"里追求着高深学问,其与经济社会基本处于一种相互疏离的状态。所以当时有一种社会舆论:如果大学对经济社会不起作用,办其何用?

1862 年,美国联邦政府颁布了《莫里尔法案》,在这一法案的推动下,一批赠地大学得以建立,这些获得政府赠地的大学致力于农业科学和相关产业的研究,并将相关的教学和研究成果推广应用到这些领域。威斯康星大学校长范海斯(Charles VanHise)提出"州的边界就是大学的边界"这一思想,并将社会服务使命提升为与教学和研究同等重要的核心使命。这种把教学、科研、服务紧密结合的办学模式,在美国高等教育史上被称为"威斯康星思想"(Wisconsin Idea),它标志着社会服务开始被公认为美国现代大学的基本职能之一。

以上大学确立三个基本职能的历史充分说明大学并非闭塞的系统,当社会生产有了需求,当政策导向清晰,当地域经济呼唤,大学理应顺势而为。当代社会,任何大学都面对着一个以市场经济为主体的社会环境,市场化环境对于大学组织来说是一个新的挑战。如何在变化的环境下做出有效的反应,关系到大学在新经济中的地位与作用。

(二)宁波教育学院应以创新变革回应时代处境

浙江省作为经济发达省份,大学的质量与经济发展水平并不匹配,除去个别综合性大学,在专业门类、人才培养质量和服务地方经济等方面还有很大提升空间。基于此,浙江省提出了高等教育强省战略,要在"十三五"期间全面优化高等教育结构,增强高等教育发展活力和竞争力,提升高等教育发展水平。宁波市在"十三五"教育事业发展规划中也对高等教育发展提出了实施特色院校建设、深化与名校区域合作、加强特色专业建设等重点任务,这些为宁波教育学院的变革与发展提供了必要的政策支持。

多年来,宁波教育学院在师范教育和教师教育等方面积累了丰富的经验和资源,在为省市基础教育的发展培养优质教师资源方面,具有良好的教育经验和基础。同时,宁波教育学院地处副省级沿海开放城市和"一带一路"枢纽城市,只有通过变革才能充满生机和活力,才会得到发展和提高,只有形成自己的办学风格和专业特色,各取所需,才不至于形成千校一面、千篇一律的固有模式,才能成为未来地市级教育学院改制的模板和典范,在全国范围内发挥示范引领作用。

二、宁波教育学院改制的节点分析

(一)政策导向

任何国家大学的变革都离不开本国的政策制度,这是大学变革的基础和前提。教育相关政策的出台体现着国家对于教育发展格局的总体把握,是对教育工作的引领和支持。对于办学者来说,准确分析政策蕴含的信息并及时做出反应,积极抓住国家政策的利好,拓宽办学渠道,打开办学局面是一项格外重要的工作。宁波教育学院在选择改制的节点上一项重要的依据正是国家相关政策。

其一,关于成人高校改制的政策文件。《教育部关于"十三五"时期高等学校设置工作的意见》专门就成人高校改制提出了新要求:"对于个别科类特殊、在当地高等教育资源的结构布局中具有重要的补充和完善作用的,可单独改制为普通高等学校。"这一政策文件为宁波教育学院改制提供了最直接的政策依据,意味着国家对成人高校的未来做出了最终的决定——成人高校的历史使命业已完成。在这一政策背景下,宁波教育学院从善如流,重新定位未来的发展。经过调研发现,全国省级和计划单列市85%以上的成人高等学校已经改制为全日制师范院校。同时,各校在改制以后,学校事业都迎来了跨越式发展,服务地方经济社会的能力显著提升。这一结果无疑令面临改制的宁波教育学院如同被注射了一针强心剂。

其二,党和政府近年来尤其重视学前教育工作,相继出台了一系列政策。2010年,《国家中长期教育改革和发展规划纲要(2010—2020年)》提出到2020年"基本普及学前教育"。同年,国务院还印发了《关于当前发展学前教育的若干意见》,提出要"办好高等师范院校学前教育专业,建设一批幼儿师范专科学校",并制订了三年行动计划。2012年,国务院印发的《关于加强教师队伍建设的意见》,明确指出"幼儿园教师队伍建设要以补足配齐为重点,切实加强幼儿园教师培养培训,严格实施幼儿园教师资格制度"。2017年9月,《浙江省学前教育条例》正式施行。党的十九大报告中提出了"幼有所育"的民生目标,提出要办好学前教育,让城乡幼儿都享受到公平优质的教育。这些有力举措,都体现了国家对办好学前教育的坚定决心。在一系列政策引领下,宁波教育学院正式思考转向学前教育领域的可能性和优势。

经过调研发现,当前我国大多数城市存在着"入园难、入园贵"现象。这一问题的出现归根结底在于优质学前教育资源分配的不平衡,这一问题解决的关键在于师资因素。目前,浙江省学前教育师资培养与需求之间仍存在不平衡的现象,迫切需要加大学前教育师资培养力度,扩大培养规模。同时,宁波在党的十九大精神以及习近平新时代中国特色社会主义思想的指导下,提出了"幼有所育、学有所教"的民生目标。基于以上政策的把握解读,宁波教育学院变革现有的成人高校性质,改制成为一所全日制普通高等师范院校,培养优质幼教师资,是十分必要和切实可行的。这一决策符合国家和浙江省、宁波市的相关政策要求,既有利于经济民生需要,又有助于学校的发展,属于顺势而为。

(二)区域高等教育结构

如果说各类型企业的存在与发展是城市的经济命脉,那么企业赖以发展的基石就是各类型人才。一个城市能否源源不断地提供各类型优质人才,决定了企业的多样化和可持续发展程度。从这一点来说,区域高等教育结构平衡就显得尤为重要。高等教育结构平衡的关键在于高校种类的多样性,种类越多越齐全,其起到的地区发展辅助作用越明显。可以说,高等教育发展水平是城市竞争力的核心。

宁波市第十三次党代会明确提出了加快高等教育跨越式发展的具体要求,人才要素越来越成为影响城市竞争力的关键。与处在全国大城市第一方阵的苏州的高等教育结构相比,宁波这一方面则短板明显。苏州的师范教育尤其是幼儿师范教育结构相对完善,形成了以师范性院校为主体、综合性大学参与,分类培养师范生的师范教育体系。据《苏州统计年鉴—2021》,至 2020 年苏州拥有苏州大学、苏州科技大学、西交利物浦大学等 26 所高校,在校大学生 26 万余人。① 而 2020 年在甬高校仅有 14 所,在校大学生 15 万余人。② 两个城市在高等教育多样性方面差距明显,结果就是二者发展的速度和质量也拉开了距离。为应对全面两孩政策带来的生育高峰,2016 年苏州筹建了苏州幼儿师范高等专科学校,进一步完善了学前教育人才培养模式。苏州高等教育的发展模式和发展质量为宁波提供了样板,反映出高等教育对于地区经济产业发展的助力作用。

截至 2018 年,浙江省没有一所专门培养小学和幼儿教师的师范院校,在宁波教育学院基础上筹建独立设置的学前师范学院,从区域高等教育结构的角度而言意味着填补省内同类院校的空白。同时,结合浙江省学前教育师资缺口大、师范生专业素养不够扎实、优质师资不足等情况,学校的改制不但能完善浙江省师范教育体系,保持宁波高校应有的数量和规模,而且能进一步优化和完善宁波与浙江的高等教育结构布局。从这一角度来说,宁波教育学院改制为学前教育师资培养的专门学校意义重大,能够使全省、市的高等教育格局更趋合理,为今后的高等教育格局提供新的助力。

(三)地方经济社会发展

近些年,全国各大城市都在进行"抢人大战",努力招揽各行业人才落户本地。浙江省在引进人才方面不遗余力,配套了优厚的政策。但同时也应看到,人才招揽离不开各项福利,尤其是子女的教育问题。如果这一问题得不到妥善解决,将会影响各地人才的落户,最终影响地方经济社会的发展。是否配备优质幼儿教育师资的高水平幼儿园则成了反映一个地

---

① 苏州市统计局. 苏州统计年鉴—2021[EB/OL]. (2021-12-30)[2023-04-25]. http://tjj.suzhou.gov.cn/sztjj/tjnj/2021/zk/indexce.htm.
② 宁波市统计局. 宁波统计年鉴—2021[EB/OL]. (2021-12-17)[2023-04-25]. https://zjjcmspublic.oss-cn-hangzhou-zwynet-d01-a.internet.cloud.zj.gov.cn/jcms_files/jcms1/web3426/site/nbtjj/tjnj1/2021nbnj/newindexch.htm.

区教育发展水平的第一道窗口。

宁波作为高等教育的后发和新兴地区,近年来高等教育发展迅速、成绩喜人,但距离跻身国内大城市第一方阵的目标,距离人民对在家门口享受优质高等教育资源的期待还有不小的差距。从数量到质量,从办学规模到办学水平,从人才培养水平到引领产业发展,宁波高等教育发展"短板"依然明显,与宁波城市经济发展的结合度及匹配度有待进一步提升。宁波市委、市政府提出加快"名城名都"和宁波都市圈建设,使宁波早日跻身全国大城市第一方队。围绕这一总体目标,学校改制目标定位为以服务高等教育事业发展的布局调整和社会对优质学前教育资源的需求为指向,符合宁波地区经济社会的发展需要。

三、学校改制的原则和经验

宁波教育学院的改制工作已经结束,学校经过了几年发展已初具规模。从确定改制到改制成功再到小有所成,学校付出了很多努力。其间,学校从起初的迷茫到几套改制方案的设计再到最终确立以培育优质幼师为主要专业发展方向,每一步都经过了多方调研论证,得到了很多经验,也得到了很多支持。这些经验也为其他类似单位的转型发展提供借鉴。而学校在迷茫中能够站稳脚跟,也离不开学校发展的基本原则,这些原则能够为成人高校转型提供参考,为高等教育理论的发展做出一定的贡献。

(一)改制工作的基本原则

1. 坚持需求导向与重点突破相结合

学校在改制过程中一直以坚持需求导向与重点突破相结合为首要原则。这里的需求既包含政策方面的,也包含经济发展方面的。只有把握好这两大方面的需求,才能为成人高校的改制提供长期发展的保障。成人高校的改制应围绕学校的办学定位,确定重点专业方向,并适时适当地围绕这一重心申报其他相关专业。宁波教育学院之所以确定重点培养学前教育、小学教育师资,围绕儿童发展领域教育需求进行专业设置,是因为考虑到学校的办学基础并结合了政策导向。这样一来,成人高校方能适应地方社会发展的新需求,谋求可持续发展。当成人高校的改制符合了地方经济发展的方向时,也能够得到政府源源不断的支持。

《宁波市"十三五"教育事业发展规划》对高等教育发展提出了实施特色院校建设,深化与名校、区域的战略合作,加强特色专业建设等重点任务,这些为学校改制转型发展提供了必要的政策支持。省教育厅、市教育局对学校的改制工作非常重视和支持。省教育厅要求学校从优化区域高等教育结构,从全省幼儿教师培养的角度,高质量谋划建设学前师范院校,抓住机遇,加快转型。市教育局为支持学校更快更好地改制转型,专门成立了宁波教育学院改制工作领导小组,并同意将原宁波 TAFE 学院(立项名为宁波国际职业技术学院,地址在宁波杭州湾新区,现杭州湾新区更名为前湾新区,建设主体为宁波外事学校,简称宁波 TAFE 学院,该学院与宁波城市职业技术学院开展合作办学)划拨宁波教育学院使用,总用地面积 487.4 亩,预计投资总额 15 亿元(如图 3-1 所示)。今后,市政府还将继续加大对学校发展的支持力度,加快学校建设步伐,积极改善办学条件,不断提高办学质量。

图 3-1　学院党委书记苏泽庭为新校区规划

2. 坚持优化结构与提升质量相结合

成人高校改制的第二个原则是坚持优化结构与提升质量相结合。这一原则要求成人高校遵循专业建设与发展的基本规律，正确处理数量与质量、当前与长远、局部与整体的关系，努力实现规模、质量、结构的协调统一。新专业开设既要考虑办学基础，也要瞄准社会需求，并适度兼顾投入产出比，原则上每个专业应保障每年至少招生2个班规模，注重专业之间的相互支撑与资源共享。

宁波教育学院在改制中坚持发挥已有优势，同时注重提升质量。因此呈现出应用型、师范性的办学定位，形成以学前教育为核心，逐步打造以师范教育为主体、非师范教育为补充，教学研训一体的办学格局。这一格局的铺设能够为学校今后的发展奠定基础——经过若干年努力，创造条件升格为本科师范院校。

成人高校在改制过程中应有清晰的地区经济服务意识，宁波教育学院定位为立足浙江，服务长三角，拓宽了成人高校的发展视野和发展格局。在这一站位基础上方能提出贡献"一带一路"，建设一流学前教育专业，培育一流学前教育师资，成为浙江省优质幼师培养摇篮，努力把学校建设成为一所以培养幼儿教师为主、幼小一体的应用型、师范性普通高等师范院校这一宏伟发展目标。

3. 坚持发扬优势与彰显特色相结合

成人高校改制的第三个原则是坚持发扬优势与彰显特色相结合。这一原则要求成人高校在专业建设方面发扬优势进而彰显特色。宁波教育学院在改制中以做强学前教师教育、做精儿童发展领域教育为导向，重点建设和优先发展能体现学校办学特色与优势的专业，逐步拓展专业覆盖面，先易后难，稳扎稳打，分步实施，取得了不错的成绩。

作为成人高校，学校过去多年来全面服务于中小学、幼儿园教师和教育行政干部的专业发展与素质提升，"一核两翼"和"一校三中心"的办学格局日益强化。学前教育师范生质量在全省名列前茅，学生连续几届在浙江省师范生教学技能大赛中获得优异成绩。与此同时，为对接学前教育行业产业需求，学校积极打造基于学前教育产业链的专业群，如早期教育、儿童英语、软件开发、玩教具设计等专业方向,培养适应当地学前教育产业需求的应用型人才。这些前期积累为学校改制提供了发展的土壤,帮助学校明确了自身的优势和特色所在。

(二)改制工作的经验

1. 做好专业建设现状分析

成人高校改制离不开对自身的认识程度,如果缺少这项"自知之明"则很容易迷失方向。2005年至今,宁波教育学院专业建设已经取得的主要成效包括:一是专业结构布局得到调整,二是人才培养方案不断优化,三是人才培养质量获得提升,四是积极践行国际化办学理念。与此同时,还应看到成绩背后的局限性:历史原因,学校在专业建设上专业类型相对单一,专业间发展不均衡,部分专业培养规模不大,专业结构布局有待进一步优化。专业发展的优势还不够明显,教学改革力度有待加大,教学设施需要更新与完善。在省内、行业内有影响的专业带头人等高层次人才缺乏。

有了这些分析,才能为学校后续的发展提供理性判断。宁波教育学院在改制中曾经设计过三个改制方案,即发展成为宁波幼儿师范高等专科学校,使之成为一所以学前教育为主攻方向的应用型师范类全日制高校;筹建宁波教育科技学院(暂名)或宁波学前教育产业学院,并打造学前教育小镇,发展学前教育产业园,使之成为一所以学前教育为主攻方向、服务学前教育产业发展的应用型师范类全日制本科高校;筹建宁波教育职业技术学院(暂名),并使之成为一所以学前教育为主攻方向、服务学前教育产业发展的全日制高职院校。最终选择了第一个方案,很大程度上取决于前期的专业建设基础。如果以产品设计和产业发展支持为学校发展定位,那么学校的改制就会面临更多的盲点。

2. 确立专业建设基本目标和原则

学校专业建设总体目标是以师范教育为主体,以学前教育专业为核心,以儿童发展领域教育类专业为支撑,相关专业协调发展的专业布局。到2020年,专业总数达到10个左右,中长期专业总数达到15—20个,涵盖教育、艺术等学科专业领域。在此基础上，优化专业结构，加强学科交叉融合，形成整体优势。应用型人才培养体系基本建立，师资队伍和教学条件达到合格办学要求，教学研究与改革成果发挥成效，优势专业凸显。专业建设采取有计划、有选择、有步骤的方式，涵盖教育、艺术等学科专业领域。

成人高校改制应明确专业建设的基本原则，根据学校的办学定位，确定重点专业，并围绕这一重点专业进行专业设置。同时，适应地方社会发展的新需求，适度开设相关专业，谋求学校的可持续性发展。

这一经验能够帮助成人高校保持合理的发展速度，避免过快过量发展，有助于帮助成人高校在改制过程中稳扎稳打，不盲目扩张。

第四章 宁波教育学院改制转型的支点与突破

与前几章对改制理论的论述不同,本章在改制理论阐述之余注重对宁波教育学院改制在实践层面的论述。本章围绕宁波教育学院改制"怎么改"的问题,回顾了宁波教育学院从蓝图规划到改制路径选择再到改制困境突破的历史过程,并结合各阶段实际状况,对学校面对不同环境、不同困境所采取的决策进行阐述,层层递进,系统呈现了宁波教育学院在改制过程中理论与实践并行,顶层设计与精准施策并举的科学性及实践性。

第一节 基于办学定位的改制转型蓝图

在改制之前,学校一直定位为成人高校,主要承担宁波市中小学(幼儿园)教师、校长和园长的培训任务。自 2005 年开始招收高职学生后,高职教育又成为学校的重要办学支柱。做出改制决定后,学校办学定位问题成了关乎学校改制规划与未来发展的首要问题。改制后的办学定位是由学校所处的内外环境决定的,而改制蓝图的规划施行与改制困境的突破也在办学定位明确后持续推进。

一、改制后办学定位的明确

(一)外部环境:引导办学方向

1. 社会对高水平、专业化幼儿教师的需求加大

随着全面两孩政策的实施,新一波学龄儿童的增加将给学校带来更大的师资压力。国家统计局发布的数据显示,2016 年我国出生人口比 2015 年增长 131 万人,达到 1786 万人。西南大学教育政策研究所研究显示,从 2016 年到 2021 年,全国一共需补充超 300 万名幼儿教师。[①] 在此背景下,浙江省幼儿师资存在较大缺口,《2017 年宁波市政府工作报告》提出的要"新(改)建幼儿园 40 所"决定也表明宁波将加大力度培养幼教师资。在当前教师专业化发展的要求下,特别是小学、幼儿园教师急需得到专业化的培养,强化其师范性,以全面提升教师专业素养。而纵览浙江省高等教育结构与布局后可以发现,尽管浙江省高等教育资源丰厚,高校数量较多,但仍存在高校类型单一、布局不够合理的问题,尤其在幼教方面,目前全省并未设置独立的幼儿师范高等专科学校,地处宁波的 15 所高校也无一类属于此。因此,加快学校改制步伐,将宁波教育学院改制为一所以培养学前教育师资为主攻方向的应用型高专学校,既能保持宁波高校应有的数量和规模,在合理配置资源的基础上满足社会对高学历层次幼教人才的需求,适应学前教育事业发展的迫切需要,又能进一步优化浙江省师范结构,完善宁波市乃至浙江省高等教育布局。

2. 国家与地方对幼儿师范高校的政策倾斜

当今世界,人才越来越成为推动经济社会发展的战略性资源,而幼教人才的高质量、高效率培养是充分适应当前我国的社会发展需求。因此,无论是在国家层面还是地方层面,都具备宁波教育学院改制的政策基础。

从国家层面看,在全国省级和计划单列市的教育学院中,85%以上的

---

① 王豪,石佳,王海涵.专家预测:2021 年幼师和保育员预计缺口超 300 万 高职试破幼师匮乏之困[N].中国青年报,2020-12-07.

学校已经转型为全日制师范院校。宁波教育学院是一所独立设置、具有50多年办学历史的成人本科师范院校，改制为全日制应用型高校既是政策要求，也是大势所趋。《国务院关于当前发展学前教育的若干意见》提出要"办好高等师范院校学前教育专业，建设一批幼儿师范专科学校"，这为筹建幼儿师范高等专科学校提供了政策依据。

从地方层面看，浙江省和宁波市历来重视高等教育在培养、积聚优秀人才方面的重要作用。早在"十三五"期间，浙江省就提出了高等教育强省战略，要全面优化高等教育结构，增强高等教育发展活力和竞争力，提升高等教育发展水平。而宁波市也在"十三五"期间的教育事业发展规划中对高等教育发展提出了实施特色院校建设、深化与名校区域合作、加强特色专业建设等重点任务，为学校改制转型发展提供了必要的政策支持。根据高等院校设置权限，宁波教育学院改制为普通高等学校被列入浙江省"十三五"高校设置规划，浙江省人民政府同意并报教育部备案。

基于以上的政策发展规划，省教育厅、市教育局对宁波教育学院的改制工作非常重视和支持。省教育厅要求学校抓住机遇，加快转型，从优化区域高等教育结构，从全省幼儿教师培养的角度高质量谋划建设学前师范院校。市教育局为支持学校更快更好地改制转型，不仅专门成立了宁波教育学院改制工作领导小组，还继续加大对学校发展的支持力度，积极改善办学条件，加快学校建设步伐。

（二）内部基础：决定办学格局

近年来，为进一步适应社会需求，宁波教育学院全面服务于中小学、幼儿园教师和教育行政干部的专业发展与素质提升，在促进幼儿教师队伍专业化这一思想引领下，逐步形成了"一核两翼"和"一校三中心"的办学格局。其中，宁波学前教育发展协同创新中心被列入宁波市第四批高校协同创新中心，创新能力进一步提升；宁波市学前教育学会等落户学校，社会服务能力显著提高；宁波市的全国教育装备标准化委员会小幼教分会技术委员会秘书处也设在学校；学校学前教育专家参与制定全国玩教具行业标准；与美国威廉·杰瑟普大学（William Jessup University）开展国际合作办学，实现双方学历与学分互认，进一步加强了学校人才培养的质量。

2005年，经教育部批准，学校开设普通高职学前教育专业。招收普通高中、职业高中三年制学生以来，学校学前教育专业不断加强体制机制创新，提升专业核心竞争力。学前教育师范生培养质量在省内名列前茅，学前教育专业学生连续几届在浙江省师范生教学技能大赛中获得优异成绩。其中，学校学前教育专业于2007年被确定为宁波市重点扶持建设专业，2012年被确定为宁波市重点建设专业。

学校还通过加强师资队伍建设，积极提升学校内涵发展。2021年，学校有教职工221人，其中专任教师139人，专任教师中具有研究生学历92人，占专任教师总数的66.2%。专任教师中具有高级职称专业技术人员68人，占专任教师总数的48.9%，各类兼职教师100余人。

综上所述，经过内外部环境分析，学校明确了改制后的办学定位：坚持应用型、师范性的办学方向，形成以学前教育为核心，以师范教育为主体，以非师范教育为补充，教学研训"四位一体"的办学格局，建设成为一所以培养幼儿教师为主的应用型、师范性普通公办高等师范院校。而学校改制的蓝图则在明确此办学定位的基础上着手规划而成。

二、办学定位明确后的改制蓝图

1912年，蔡元培主持制定的《大学令》指出："大学以教授高深学问，养成硕学闳才，应国家需要为宗旨。"此后，关于大学之职能的探讨贯穿于近现代教育学界。自20世纪90年代以来，尽管各方对大学究竟应当承担何种职能仍有争议，但大学的三项基本职能，即人才培养、科学研究与社会服务，已基本确定。此三项基本职能也逐渐从重点大学领域延伸至整个高等教育领域，为各大高校所践行。就宁波教育学院而言，在改制完成，由成人高校转为普通高校后，也当以履行高校基本职能为旨归，进而结合本校办学特色，规划改制后的发展蓝图。此外，就各地教育学院的整体状况而言，经过多年的发展，全国各地教育学院的教师队伍整体力量强、综合素质好、教学水平高，完全能够胜任本科教学。同时，经过多年的教师教育实践，以及对教师教育规律的探索，教育学院积累了丰富的教师教育和本科教学经验。这是教育学院的优势，也是教师教育优质资源的重要组成部分。基于此,为了明确改制后的办学方向,履行高等学校的基本职能,学校决定在改制后继续扩大本身优势,围绕专业建设、队伍建设、校园文化建设等内涵发展方面规划改制蓝图,在保持本身特色的同时进一步扩大优势履行职能,为此后的转型发展奠定基础。

(一)专业建设规划

1. 专业建设的目标与思路

在办学定位的引导下,学校明确了专业建设总体目标,着力于建设以学前教育专业为核心,以儿童发展领域其他教育类专业为支撑,相关专业协同发展的专业布局。在此基础上,学校优化专业结构,加强学科交叉融合,强化了在同类型学校竞争中的整体优势,应用型人才培养体系也基本建立,师资队伍和教学条件达到高水平办学要求,教学研究与改革成果发挥成效,优势专业凸显,专业布局持续优化调整。

在具体的专业建设思路上,学校主要围绕专业结构、课程体系、师资队伍和实践教学条件四个层面展开。

在专业结构方面,学校围绕婴幼结合、专业方向拓展、培养培训一体化的专业建设思路,有计划、有选择、有步骤地调整现有专业,分层次、分类别地开展专业建设;重点建设学前教育专业群,学校以学前教师教育为重点,同时为回应中央经济工作会议(2017年12月18日至20日)提出的"解决好婴幼儿照护和儿童早期教育服务问题",满足社会大众对优质早期教育服务的需求,以专业之间的学科关联为标准,学前教育专业向邻近教育专业拓展,拟增设早期教育、智能产品开发(智能玩具开发)专业,形成学前教育专业群;因为学校在艺术教育方面具有一定的优势,而且该专业对学前教育专业有支撑作用(能共享部分师资、课程和艺术教室)。因此,学校决定结合地方经济发展及儿童艺术教育需求,增设艺术教育专业。

在课程体系方面,学校根据应用型人才培养的需要优化各专业课程体系设计,加大实践教学环节比重,按照理论知识"实用、够用"、实践环节加强、应用能力培养优先的原则,优化整合课程教学内容,创新课程教学模式、教学方法,深化课程教学改革。全面打造优质课程体系,同时,推进全校选修课程开发,满足学生多样化需求;鼓励教师主编、参编教材和开发专业教材、校本教材。

在师资队伍方面,学校致力于建设一支水平较高的专业负责人、专业带头人队伍,提高"双师型"师资比例,满足应用型人才培养的教学需要。实施"优秀课程教学团队"评选制度,加强教学团队建设。此外,为了提高教师的专业水平,学校制定一系列约束和规范教师行为的价值体系,在规范中凝练学校的基本价值取向以及由此带来的"何为好教师,何为不合格教师的基本性价值判断"。树立有利于教师发展的理念,完善考核内容和办法,健全评价体系和机制,激发教师主体意识,切实发挥评价的激励、促进作用。

在实践教学条件方面,建设满足专业发展需要,与应用型人才培养相适应,集"产、学、研、用"于一体的,由各类实验室和基本职业技能实训室组成的校内实践教学设施体系,充分发挥宁波学前教育发展协同创新中心的作用,建设一批校外教学实习基地,满足各专业实践实训的需要。

2. 专业建设的具体举措

学校的专业建设规划在注重内涵提升的同时,适度扩大专业数量规模。为落实规划,在具体措施上要加强对专业建设的组织领导和统筹规划,在人才培养上形成明显的专业特色,加强专业师资队伍建设,抓好实验实训、校内外实习基地等教学条件保障。为确保专业建设目标顺利完成,学校采取了以下措施。

第一,不断完善专业建设管理机制。

学校加强对专业建设工作的领导,组织制定专业建设宏观政策,组织制定全校专业建设规划,并指导各专业制订专业建设实施计划,遵循应用型人才培养规律,逐步提高专业建设水平和人才培养质量。

健全专业设置管理机制。学校充分发挥教学工作委员会的作用,健全专业设置管理机制,重点把握好新设专业的导向与遴选。申请增设的专业,必须先行充分调研论证,广泛征求意见,综合考虑社会需求与专业布点状况及发展前景、学校专业办学基础及潜力等维度的因素,保障专业设置科学化(如图 4-1 所示)。

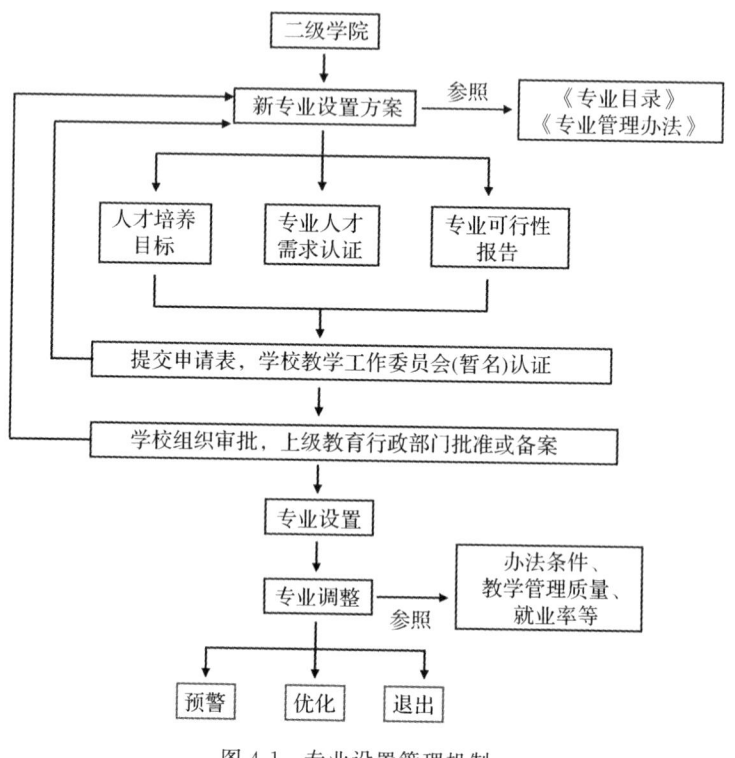

图 4-1 专业设置管理机制

实施分类建设。从现有专业中遴选出 2—3 个条件较好、具有一定发展潜力、能彰显学校办学特色的专业进行重点建设,使其具备良好教学条件,并在人才培养模式、课程设置、教学质量、科研成果等方面形成优势和特色。其他专业按照国家专业标准要求进行常规建设。充分发挥省级"'十三五'师范教育创新工程"建设项目——学前教育特色学院建设项目的示范引领作用。

健全专业办学质量监控评价机制。建立不同类型专业建设的评价制度和评估标准,并配套相应的激励措施。参照国家颁布的相关专业认证标准,学校掌握总体人才培养目标和规格;院系把握所办专业人才培养目标、规格、各教学环节的质量标准;教师负责课程质量,执行教学环节质量标准。

第二，深入推进人才培养与课程教学改革研究。

鼓励开展应用型人才培养的教育教学研究。通过学习研讨、观摩考察、专家报告等方式，贯彻培养应用型人才的理念；采取申报评审立项、委托研究等措施，引导、鼓励教师开展与应用型人才培养相关的教育教学研究，以研究促进人才培养质量的提升。积极申报各级教学类奖项，争取省级、市级教学成果奖。

不断深化课程教学模式改革。尝试应用"翻转课堂""网络课程""微课"等，大力推进教学模式改革，加强对学生的学业指导；稳步推进考核方式改革，注重形成性评价，以考风建设促进学风建设；推进实践教学改革，进一步完善全程化实践教学体系；深化通识课程改革，切实提高通识课程实效。

第三，大力加强专业师资队伍建设。

改制转型发展对于教职工来说，意味着巨大的变化，面对这种变化，每个人呈现出不同的反应，但强烈的冲击是一样的。为了充分照顾教师情绪，打造适应改制需求的师资队伍，学校注重强化服务保障，努力创设教职工"乐业"的环境。从物质、精神、专业水平等方面着力提升服务保障，优化教职工工作环境，建设专业的师资队伍。

在物质支持方面，学校旨在制定落实各项制度政策，改善教职工工作条件，保障教职工福利待遇，拓宽教职工上升空间，落实教职工职业培训，提高教职工社会地位，实实在在增强教职工的职业获得感和成就感，让大家"落得住脚、安得下心、干得了事"。在教学条件上加大专业建设经费的投入。积极筹措资金，加大投入，切实保证教学经费投入的优先地位。同时，努力扩大经费筹措渠道，积极争取上级主管部门对专业建设及实验实训室建设的财政专项投入，满足教学和人才培养的需要。同时加强专业实验实训室和校内外实习基地建设。改革实验实训室管理模式，加强专业实践基地建设。进一步巩固并不断扩大实习基地数量，既重视基地的教学功能，又考虑基地的科研功能，以基地为基础，建立"产、学、研、用"相结合的建设模式，着力培养教师的实践能力与创新精神。

在精神支持方面，学校着力增强对教师的人文关怀。社会情境极大程度地影响着个体行为，甚至能改变一个人的人格、价值观和信念。正因为如此,提高教师专业度,推动教师参与学校改制转型发展,就要真正理解教师行为诞生的复杂性,对不同成长背景的教师,推动他们参与学校转型发展的做法应当有所不同,针对"60后""70后""80后""90后",所采用的办法不能"一刀切",否则便是无视教师的"成长背景",其后果将是教师感觉"被无视",他们参与转型发展的主体性就不能真正调动起来。基于此,在改制过程中,学校注重发挥工会、教职工代表大会的主渠道作用,倾听教师心声,回应教师诉求,及时为教师排忧解难;定期开展形式多样、丰富多彩的文体活动,促进教师交流,增进教师互信;开展学术沙龙、心理讲座,舒缓情绪,排解忧虑,促进教师身心健康。

在专业水平方面,以制度规范提高教师的专业水平,注重强化专业负责人和专业带头人培养。建立专业负责人制度和专业基础、主干课程教师负责制,加强师资梯队建设。培养和造就一批有较高教学水平与学术造诣的学科专业带头人。抓好优秀中青年骨干教师和专业带头人等后备人才的选拔和培养工作。加强教师国际交流,形成国际视野。同时加强"双师型"教师团队建设。建立加强"双师型"教师团队建设的保障机制与激励机制,将教师进修与培训的专项经费适当向"双师型"教师团队建设倾斜;对到幼儿园等单位挂职锻炼、顶岗实践的教师核定补助工作量。

(二) 人才队伍建设

学校的改制转型是一项系统工程,在系统各个要素中,人的因素是内在和根本性要素。因为转型发展最后必须落实到具体的个人行动中,若没有相应人才的积极参与,再宏大的改制转型发展计划都将是一纸空文。因此,凝聚人心、调动个体参与学校改制转型发展的积极性,培养适应改制前后发展的优质人才就成为影响学校改制转型因素的重中之重。

1. 人才队伍建设的目标与思路

基于推动改制转型的需要,学校人才队伍建设的总体目标是打造一支师德高尚、业务精湛、数量充足、结构合理、充满活力的高素质师资队伍。对照教育部印发的《普通高等学校基本办学条件指标(试行)》师范类院校师生比不低于1∶18,《普通高等学校辅导员队伍建设规定》专职辅导员按照师生比不低于1∶200配备的相关要求,对学校需配备的教师数进行测算。2023年底实现在校生规模6000人左右,学校教师总数420人左右,其中专任教师数达到340人左右,专职辅导员30名左右。

为进一步优化人才结构,学校围绕学科结构、职称结构、学历学位结构、"双师"结构和团队结构等5个层面制定了人才队伍建设的结构目标。根据人才建设的总体目标与结构目标,学校拟从"引+培+用"的思路建设一支数量足够、结构合理、素质优良的师资队伍。一是积极采取措施,确保教师队伍在总量上满足扩招和发展的需要。按照高校教师条件,做好选人进人工作。二是加强中青年骨干教师和学科带头人的培养,进一步优化教师队伍,以培养、引进、稳住和发挥作用并举的办法,推动高层次人才队伍的建设。同时抓好教师的继续教育,不断提高教师的素质和水平。最重要的是加强师德建设,提高教师职业道德水平。

2. 人才队伍建设的具体举措

学校按照广范围"引"、全方位"培"、科学化"用"的思路,整体推进师资队伍建设,使符合学校事业发展需要的人才队伍能"引得来、留得住、用得好"。

第一,广范围"引",构筑人才集聚高地。

落实人才引进的政策,对高层次人才和紧缺人才的引进实行"一人一策"。在享受宁波市高层次和紧缺人才引进政策的同时,学校在校内周转住房、安家费、科研启动经费及配套科研条件,组建学术科研团队,推荐申报各级人才项目等方面提供支持。具体标准一人一议,按协议方式确定。安家补助参照《中共宁波市委、宁波市人民政府关于实施人才发展新政策的意见》,学校将按一定的比例予以经费配套。

拓宽人才引进的渠道,优化学院结构。从学校发展战略出发,加快引进优秀人才的步伐,多途径加大宣传力度,广泛吸引国内外知名高校相关专业的学者、博士、优秀硕士毕业生来校任教,进一步拓展人才资源。柔性引进高水平专家。搭建高水平合作平台,吸引有真才实学的专家学者以多种形式来校任教,或开展协同创新科研项目。积极邀请国内外知名高校学者担任学校特聘教授。加大"双师型"教师的引进力度。鼓励符合有学校、幼儿园或企业工作经历,有本专业相关行业资格证书,参加教育部组织的教师专业技能培训获合格证书,应用技术研究成果被企业采用等相关条件,同时适合在高校任教的优秀人才,担任相关专业课和实践课程的指导教师。

第二,全方位"培",搭建人才梯队体系。

对学校整个师资队伍进行细分,有针对性地搭建平台,建立处于不同成长阶段、达到不同发展水平、遵循不同发展路径的多样化、立体化、团队式教师发展支持系统。选拔、培育"专业领军人物—专业带头人—专业骨干—新秀教师"四个层次的学术梯队,在专业领军人物和专业带头人的引领下,专业骨干作为中坚力量,新秀教师作为青年教师中的佼佼者,组建若干个高水平科研团队,在专业建设、科研成果、国际合作交流等方面取得标志性成果。每年对各个团队成果进行考核、公示,学校给予相应的经费支持。组建名师工作室和优秀博士工作室,建立市、校两级名师工作室和校级博士工作室管理制度,选聘市级、校级名师和优秀博士作为工作室导师,通过双向选择确定工作室成员,定期开展工作室活动,提供独立办公场地,每年进行一次考核,学校给予经费支持。

"走出去"合作培养。与北京师范大学、华东师范大学、南京师范大学、台湾铭传大学,以及美国威廉·杰瑟普大学等国内外知名高校和研究机构合作,引领教师专业发展。教师在职学历提升。学校鼓励教师在职提升学历学位层次,给予政策保障,几年来有计划地选送20名优秀教师在职攻读博士学位,对顺利获得博士学位的教师给予奖励,同时可以优先申请加入高水平科研团队和名师工作室、申请组建优秀博士工作室等。骨干教师访学进修。学校搭建平台,每年有计划地选送30名中青年骨干教师前往高水平大学和研究机构,进行短期或中长期访学进修,教师在访学期间需达到完成相应的研究成果等考核要求。根据学校专业设置与建设规划,对现有部分需要转型的专任教师,学校集中组织专项提升研修项目,在学前教育核心专业素养学习、与教师自身专业背景结合等方面,邀请专家进行引领指导,进一步明确教师专业发展方向和路径。

第三,科学化"用",优化人才资源配置。

在师资队伍管理上体现"统筹兼顾、分类引导、科学评价、动态调整",

提升人才队伍与岗位匹配能力，人人尽展其才。强化师德师风建设。建立学校师德标准，将政治立场、立德树人表现作为教职工聘用的前置要求，将师德师风建设贯穿于教师管理培养的各个环节和教师成长发展的各个阶段，作为教师选拔、岗位聘用、职务评聘的主要内容，作为绩效考核、进修深造、评优评奖的重要依据。加强引进人才的考核管理。对引进的优秀人才，明确相应的聘期任务，具体以协议方式明确。专业领军人物主要在指导学校专业建设，指导教科研团队，搭建平台以开展各类协同创新项目，举办学术讲座等方面提供支持。专业带头人、专业骨干、新秀教师主要在专业建设、课程教学、科学研究、平台建设、教科研团队建设等方面承担职责。设置四类教师岗位。根据教师在人才培养、教学科研和社会服务等方面所侧重承担的主要职责，设置以教学为主型、教学科研并重型、以科研为主型、社会服务与推广型等四类教师岗位，明确相应的岗位申报条件，实施相应的岗位聘任、考核评价、职称晋升等。引导教师围绕学校发展目标，明确职业发展方向与路径，激发教师的积极性和创造性。加强兼职教师队伍管理。根据学校办学定位和人才培养培训需要，建立一支比例适度、专业与职称结构合理、素质精良、相对稳定的兼职教师队伍。面向各类学校、幼儿园、科研院所等聘请有经验的校（园）长等管理人员和各类专业技术人员，由学校正式聘任，担任相关专业课和实践课程的指导教师。强化日常规范化管理，将兼职教师纳入教学考核评价范围，保证课堂教学质量。

（三）校园文化建设

文化对浸润其中的社会个体有着系统而持久的影响，能够规范、调节、教化、支撑个体的行为，而学校文化是学校发展过程中形成的师生教育实践活动方式及其所创造成果的总和，与改制的氛围、效率等休戚相关。为营造良好的改制环境，学校高度重视校园文化建设，从物质、制度、精神和行为等方面着手，注重课程、教学、学术、环境、校史、校风及学风等各个领域的创新、优化和提升，将之整合升华为全校师生集体认同的文化，以此带动全校师生在改制的道路上同向并进。

1. 校园文化建设的目标与思路

学校校园文化建设的目标是：以"立德树人"为引领，以校训"厚德润艺、为师立范"为基础，推进文化品牌创建，充分发挥校园文化育人功能，使校园有品位、教师有品性、学生有品质，将传统文化、时代文化和创新文化相结合，显性文化与隐性文化相结合，形成富有学校特色的师范文化。有机联系学校工作特色、建筑特色、地域特色和人文特色，加强校园文化的提炼、整合。重点实施校园环境文化建设工程，在杭州湾校区、育才校区凸显全日制学前教育师范文化，体现杭州湾区域特色文化，在环城校区凸显培训文化，通过五年分阶段的实施，最终打造整体风格统一、校区各具特色的校园文化环境。

基于以上目标，在建设思路上，学校牢牢把握先进文化的前进方向，深入发掘校园文化的特殊内涵和品质，使校园文化不断创新、发展，始终充满活力。围绕校园精神文化、校园物质文化和校园制度文化等层面加强校园文化的建设思路。首先，加强校园物质文化建设，力争为学校师生创建一个良好的教学环境、校舍环境。正如著名教育学家苏霍姆林斯基所说："如果你想使人的道德达到完美与和谐的境地，那你就要创造环境与言语之间的和谐关系。"[1]高校校园的基础环境要发挥校园文化建设的基础导向作用，正如马斯洛的需要层次理论所言，只有满足了最基本的物质文化需求，才有可能进行更高层次的精神文化追求。其次，要在教学设施上进一步优化物质文化建设。努力做到使校园的墙壁也会"说话"，增加学校标志性的历史建筑和人文景观，使新校区文化建设得以系统传承。再次，加强校园制度文化建设。制度文化作为校园文化建设的基础，发挥着重要的保障与促进作用，因此，完善制度体系，建立健全的人性化制度保障意义重大。最后，加强校园精神文化建设，注重传承和创新校园行为，只有统筹各个层面的建设力量，才能形成优秀的可供传承的校园文化。

2. 校园文化建设的具体举措

一个人之所以属于某一个群体，是因为该个体信奉某一个群体的价

---

[1] 苏霍姆林斯基.和青年校长的谈话[M].赵玮，等译.上海：上海教育出版社，1983:180.

值体系,并且接纳了这个群体的一般性规则。群体中的个体常常保持与集体一致的态度,这样群体的规则便进入行动者个体的思维过程,参与到了行动者的行动之中。校园文化对学校改制的影响,不但体现为引导个体行动的方向,也体现为通过潜在的价值系统,调控个体实践中的行为选择。因此,在推进改制发展的历程中,学校力图建设多样化的文化载体,把价值融入校园之中,通过积极的校园文化氛围促进个体对转型发展的参与。在具体措施上,学校围绕校园精神文化、校园物质文化、校园行为文化、校园制度文化以及教师文化五个层面实施加强校园文化建设的举措。

第一,凝练校园精神文化内核。深化校训文化精神的贯彻落实,努力以精神文化引领发展、鼓舞士气、凝聚师生。加强对办学理念、办学思路、办学特色、办学成就、重大事件、重要活动、典型人物等的宣传,通过生动形象的方式向全体师生传递共同价值观,培植集体荣誉感,并提高学校知名度和美誉度。将社会主义核心价值观贯穿于大学生思想政治教育的全过程,充分发挥马克思主义理论课、思想品德课等课堂教学的主导作用,继续深化学生综合素质提升工程,持续营造书香校园氛围,进一步提升"学生技能节""校园文化艺术节"的校级"双节"和院级"一院一品"活动的针对性和实效性。

第二,加强校园物质文化建设。坚持"精致、整体、特色、绿色"的设计原则,挖掘学校人文底蕴和历史积淀,重点结合教师教育和高职专业特色完成走廊文化、楼宇文化、场所文化等改造。加强校园文化阵地建设,充分发挥中外文化长廊等场所的育人功能和展示功能。加强对学校网站群和微博、微信等新媒体的监管,重点建设学校门户网站,努力体现学校特色,充分发挥信息发布、思想引领和文化服务功能。加强网络制度建设和网络道德教育,正确引导网络舆情。在校区建设中贯彻文化理念与环保理念,以"高起点、高水平、高质量、有特色"的办学要求为准则,在校园建筑设计的总体风格中体现师范教育特色,同时将国内外先进的大学设计理念和地域文化传统相结合,将中国古代的书院文化与现代建筑风格有机融合,力求在充分尊重与保留原有地貌地形的基础上,将建筑、景观、生态、人文有机融合,打造绿色、环保、可持续发展且蕴含文化氛围的未来型校园。

第三,传承和创新校园行为文化。充分发挥职能部门、二级学院、团学组织在学风建设中的作用,创建良好的校风、教风、学风。鼓励和引导教职工在思想政治、品德修养、学识教风等方面率先垂范、为人师表。选拔、表彰和宣传学校优秀学生典型,树立符合社会主义核心价值观的时代新风正气。建立学生行为准则,确定学生行为负面清单,进一步明确学生的基本道德行为标准,培养合格学生。

第四,优化校园制度文化。有效开展法治宣传,着力抓好领导班子、干部队伍、教职工依法治校意识与能力的培养,着力培养学生遵纪守法的习惯。根据形势发展情况,及时制定、修缮有关制度,使各项工作有据可依。增强广大干部的制度意识,充分保障师生的合法权益。高度重视制度的贯彻执行,坚决维护制度的严肃性和权威性。采取有效措施,提高师生按制度办事的自觉性。加强制度落实情况的督查,努力使管理更公平、师生更服气。

第五,以社会主义核心价值观引领教师文化。学校高度重视社会主义核心价值观对教师文化的影响,发挥学科、人才和宣传优势,通过理想信念教育、文化熏陶、教学实践、舆论宣传等途径,引导教师学习和践行社会主义核心价值观,深化对社会主义核心价值观的认识,并将之内化为个人的价值选择和行动指引。此外,学校注重推动教师外在教育与自我发展的有效融合。内在自我发展包括"理性的觉醒、人文精神的给养、高情感的发动、自我实现的内驱力、人性的高扬、主体性的确定"。既要抓好常规的教化引导,教育教师爱岗敬业、关爱学生、改进师风;又要关注新时期教师的接受心理,尊重教师个性,强化人文氛围,鼓励教师加强自我发展,共同推动学校教师朝着人格的最高境界升华。

第二节　改制转型路径的选择

改制路径的选择关乎宁波教育学院在改制过程中的质量与效益以及改制之后的发展方向,是宁波教育学院在解决"怎么改"问题时着重考虑的问题。学校改制的初衷是满足随社会发展而不断增长的对专业化幼儿教师需求。学校改制是高等教育发展与社会形势发展相适应的必然选择,学校的改制发展必须与现代化的发展模式相契合。因此,经过反复论证与调研考察,宁波教育学院决定在高等教育发展层面坚持内涵式发展道路;在管理体制层面从管理转向治理道路;在改制的质量效益层面走促成改制合力保障发展道路。

一、注重质量与效益,坚持内涵式发展

(一)内涵式发展的概念

内涵式发展是当前我国高等教育发展的核心理念,是我国高等教育政策调整的必然结果,是后扩招时代高等教育的因应之策,是建设高等教育强国的现实需要,走内涵式发展道路是中国特色社会主义高等教育发展的必然趋势。党的十九大报告明确指出加快一流大学和一流学科建设,实现高等教育内涵式发展。2018年5月,习近平总书记在北京大学考察时强调指出:"当前,我国高等教育办学规模和年毕业人数已居世界首位,但规模扩张并不意味着质量和效益增长,走内涵式发展道路是我国高等教育发展的必由之路。"[1]2019年由中共中央、国务院印发的《中国教育现代化2035》提出了优先发展教育,大力推进教育理念、体系、制度、内容、方法、治理现代化,着力提高教育质量等一系列重要思想,旨在推动我国教育事业走内涵式发展道路。作为高等教育领域内的一个政策性话语,"内涵式发展"是党中央根据我国高等教育的发展阶段及所处的时代环境,对高等教育发展方向目标与实践路径所做的顶层设计规划。

2010年审议并通过的《国家中长期教育改革和发展规划纲要(2010—2020年)》提出要注重教育内涵发展,让"内涵式发展"这一话语再次出现在高等教育的政策文件中。2010年以来,"内涵式发展"不断出现在推动高等教育发展的各种重要政策文件中,其内涵更加丰富,并逐渐被确立为新时代我国高等教育发展的核心理念,对推动我国高等教育的

---

[1] 习近平.在北京大学师生座谈会上的讲话[M].北京:人民出版社,2018:4.

现代化发展具有更深刻的指导意义。从国际发展大势来看,当今世界正处于大发展大变革大调整时期,世界多极化、经济全球化深入发展,科学技术突飞猛进,世界各国对人才的质量要求进一步提高。从国内发展看,党的十八大以来,随着政治、经济、文化等方面建设的全面推进及发展方式的不断转型升级,对教育尤其是高等教育的发展提出了更高的要求。2021年4月,习近平总书记在清华大学考察时强调:"我们要建设的世界一流大学是中国特色社会主义的一流大学,我国社会主义教育就是要培养德智体美劳全面发展的社会主义建设者和接班人。"①党的二十大报告强调"坚持教育优先发展""加快建设教育强国",对"办好人民满意的教育"做出战略部署。从我国高等教育整体发展形势来看,经过十几年扩张性发展,高等学校的数量和规模都有了显著的增长。1999年开始的高校大规模扩招出现的一系列问题虽然有所缓解,但新问题不断暴露出来,失业问题、教育资源分配不均及公平性等挑战限制了我国高等教育的进一步发展。相比于前一时期通过数量和规模的扩张来推动高等教育发展的方式,新时期更需要通过深挖现有高校的内部潜力来推动高等教育质量的提高。

(二)内涵式发展的要素

对于高校来说,走内涵式发展道路,需要加强自身建设,优化内部因素,包括提高人才培养质量和师资队伍水平,更好地实现高等教育培养人才、服务社会等职能。高等教育的发展涉及规模、质量、结构、效益四个因素,这四个因素相互作用、相互联系,缺一不可,共同构成了一个完整有效的高等教育体系。因此,高校内涵式发展,究其根本,就是要实现规模、质量、结构、效益与国际化程度的协调统一发展。

1.规模是高校内涵式发展的基础

内涵式发展并不是对外延式发展的全盘否定,而是需要在规模发展的基础上实现更好的发展。公办高校具有国家财政支持的先天优势,但

---

① 习近平在清华大学考察时强调 坚持中国特色世界一流大学建设目标方向 为服务国家富强民族复兴人民幸福贡献力量[N].人民日报,2021-04-20.

依然在很大程度上依赖自身的社会声誉,也有赖于本校优良的基础设施和较大的办学规模,从而吸引更多生源。规模不仅在一定程度上代表了高校的办学能力和水平,更是高校不断发展壮大的物质前提和基础。高校内涵式发展以规模发展为基础,并不是要盲目扩大规模,一味加强基础设施建设,而是要适度提升规模或维持现有规模,向社会展示自身的办学能力和良好形象,为高校的长远发展提供现实的物质基础和外在条件。

2. 质量是高校内涵式发展的核心

提高质量是世界各国高等教育进入大众化发展阶段的必然选择,也是解决我国高校外延式发展问题的有效对策。质量是高等教育的灵魂和生命,关乎高等教育的可持续发展。只有高质量的教育才能培养出优秀的人才,才能使教育回归其本质要求。对于发展历程相对较短、基础相对薄弱的高校来说,提高办学质量更是重中之重。因此,内涵式发展的所有内容都要围绕质量提升这一核心要求,涵盖人才培养质量、师资队伍质量以及教学质量。其中,人才培养质量是高校内涵式发展最为核心和关键的内容,是高校办学质量和高等教育价值追求的直接体现。师资队伍质量和教学质量的根本目的都在于人才培养质量的提升,通过学科建设、教学方法改革及师资队伍壮大,推动学生的全面发展,更好地实现高等教育育人的根本目标。

3. 结构是高校内涵式发展的保障

结构为高校内涵式发展和运行提供机制保障,主要包括治理结构、师资队伍结构、学科专业结构。高校要想实现内涵式发展,需要优化内部结构,理顺内部各因素之间的关系,调整组织架构和治理结构,提高管理水平和运行效率,为内涵式发展提供制度支撑;优化师资结构,构建一支高水平、稳定的师资队伍,为内涵式发展提供智力支持;根据市场需求和自身实际,构建科学合理、优势明显的学科专业结构,为高校内涵式发展提供不竭动力。

4. 效益是高校内涵式发展的目的

效益是反映办学效果的重要指标,包括社会效益和经济效益两方面。

高校应将社会效益放在首位,主要体现在学校对学生的吸引力和社会声誉上,包括培养全面发展的高质量人才、提高科学研究水平,从而更好地服务经济社会的发展。经济效益主要指的是高校的资源利用效率,包括如何让更多学生接受教育,同时保证更多学生能够接受高质量的教育。经济效益对于高校来说,同样重要,为了实现自身的可持续发展,需要在有限资源投入的前提下,实现资源利用效率的最大化,进而获得最佳的经济效益。

5. 国际化程度是推动高校内涵式发展的重要指标

高校应坚持"走出去、引进来"的政策,开展国际交流与合作。高校应派出骨干教师赴国外的大学进行短期或较长一段时间的交流和学习,提升教师国际化素养,增强教学、科研、实践能力,并将所学的知识应用到本校的教育实践中,从而带动高校的内涵式发展。

(三)学校坚持内涵式发展的举措

1. 加强党建引领

一是举旗定向,高站位掌舵领航。健全落实党委领导下的校长负责制,以主题教育长效机制为抓手,建立校领导联系基层、联系师生、联系人才、联系重大项目建设的制度,按照社会主义政治家、教育家、实干家的标准,持续打造讲政治、讲学习、讲担当、讲改革、讲和善、讲廉洁、亲民型、学习型、实干型、创新型、协作型、清廉型"六讲六型"好班子。

二是培根铸魂,高质量立德树人。实施"一把手"工程,成立学校学生思想政治教育工作领导小组,建设学校学生发展中心,不断完善学校思想政治工作体系,深化"三全育人"工作机制。坚持"五育并举",制定《全面加强劳动教育的实施方案》,加强艺术教育和体育教育专业建设,把学校打造成省内一流的美育教育、体育教育研习中心。加强马克思主义学院建设,培育多名具有一定知名度和影响力的思政理论课名师,打造一批"课程思政"改革项目、示范课堂,形成多个市级及以上思想政治课示范课堂和课程思政教育案例。挖掘校史校风校训的教育作用,努力建成学校有品位、教师有品性、学生有品质的"三品"校园文化。

三是强基提质,高水平创先争优。构建学校党委、院系总支、支部三级联动政治责任链,完善二级学院管理体制和运行机制,试点推行二级学院党组织领导下的院长负责制。做实阵地亮标识、党员亮身份、岗位亮职责、党建亮绩效的党建"四亮四显"工程,以全国样板支部创建为契机,开展党建工作标杆院系、样板支部培育创建,争创省市级"双百示范"工程。推动基层党组织"对标争先",实施党务干部"领雁计划"和教师党支部书记"双带头人"培育计划。制定干部人才队伍建设长远规划,实施"中层干部素质能力提升工程"和"中青年管理干部储备人才培养工程"。

2. 深化学前教育专业建设

一是以"全人生"为指导,明确"四重四育"①培养目标。以杨贤江"全人生"教育思想为指导,遵循新时代幼儿园教师职业行为准则,进一步明确"四重四育"培养目标,以课程思政与思政课程改革为主要路径,全面践行培养目标。每年组织实施校院两级课程思政教学竞赛,开展思政课示范课堂评比活动,逐步推行课程"过程性考核+"学业评价改革,分层分类打造"景行讲堂"品牌。遴选特色明显的校级课程思政教育案例,打造思政示范课堂,完成学业评价改革和百场景行讲堂讲座。

二是探索"全生涯"培养体系,推进职前职后一体化。以张雪门"继续教育"思想为指导,着力构建学生全生涯发展的培养体系。通过系统谋划学生"3+X+Y+Z"职前职后人才培养方案,设计职前职后一体化课程,实现职前三年培育的人才具备幼儿园教师的合格资质,毕业后通过职后课程培训学习,实现"X年合格,Y年骨干,Z年卓越、名特优"生涯发展目标;通过与附属实验幼儿园、教师发展学校、校内外实习实训基地等合作,在教学、科研、管理等方面以"职前学校培养、幼儿园实践,职后学校培训、幼儿园发展"的策略开展职前职后一体化的培养培训;遵循教师教育课程标准、幼儿园教师专业标准,把幼儿园教师资格证书、"1+X"证书等内容引入课程,促进书证融通,进一步贯通职前培养与职后培训。

三是建立"全程化实践"教学体系,实现"三四六"融通。在张雪门"教

---

① "四重四育"的培养目标:重情怀(报国之大爱,从教之真爱,育幼之仁爱),育师爱;重品行(思想端正,为人师表,爱岗敬业),育师德;重双基(治学严谨,知识扎实,技能娴熟),育师艺;重素养(多才多艺,乐于探究,善于合作),育师能。

育实习"思想和陈鹤琴"活教育"思想引领下,构建"三阶段、四能级、六模块"的实践教学体系(如图4-2所示)。通过优化基于实践教学的管理制度,分批筹建校内实训室,新建一批校外实践基地,进一步推进教师发展学校建设,充分发挥"集&创空间"的培育孵化作用,完善学科竞赛与创新创业竞赛机制来确保"全程化实践"落地。进一步扩大校内学前教育专业类、心理类、艺术类、学前特色类四大类实训室、剧院、场馆,扩大教师发展学校和校外紧密型教育教学实习基地数量,各级各类学科竞赛获奖人数每年较上一年增长15%以上,国家级奖项有突破,长三角师范生比赛成绩有提升,省师范生比赛获奖率继续保持领先。

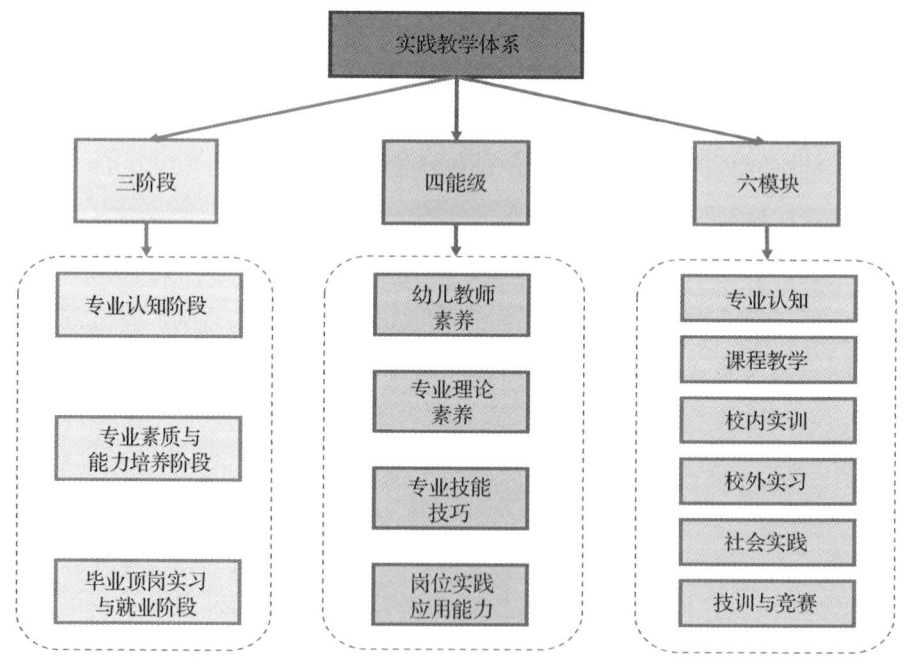

图4-2 "三阶段、四能级、六模块"实践教学体系

3. 加强合作办学

一是深化校地合作,建设"宁师"幼教集团。集聚优质资源,依托浙江学前教育人才培养合作联盟,建设"宁师"幼教集团。做大做强、做精做优附属园品牌,建成3—6所附属幼儿园。聘请境内外知名专家学者,每年开展教师、校长培训与教科研合作项目;扩大建立省内实习基地数量,建

设理念先进、特色鲜明、管理规范、科学保育的特色园。

二是深化校校合作,构建协作共融发展体系。主动响应"长三角区域一体化"战略,持续深化"沪甬合作"项目,继续加强与华东师范大学、上海师范大学的合作,开展教师培训、研究生培养等方面的合作,每年承接5000名中小幼校长(园长)和教师培训项目,每年举办长三角地区骨干园长高峰论坛,与上海师范大学联合成立研究生培养基地,成立卓越教师工作室,探索形成七年一贯制的"专本硕一体化"人才培养方案。进一步落实"东西协作"项目,支持延边大学师范学院提升专业建设质量。助力"援疆援边"活动,构建长三角区域民族教育协作平台,助力长三角民族教育的政策咨询、教研科研和人才培养培训,打造长三角民族教育智库。

三是深化校企合作,建立协同育人机制。启动"产教融合育人基地建设工程",以"资源融合""技术融合"和"利益融合"为纽带,共建校企创新育人平台。建设完成省市级多个高水平专业化产教融合育人基地。以项目化形式推进智力运动学院、贝芽智能幼教研究发展中心、海伦艺术教育发展中心等实体化合作平台建设,成立智力运动教育基地、智能化幼教基地、综合性艺术教育基地。

4. 拓展教师培训

一是师德为魂,加强师德师风教育。实施"使命必达"计划,全方位、全过程推进师德养成,开办"甬上师德讲堂",精选50名师德楷模、优秀教师组建师德讲师团,通过典型讲述身边的师德故事。打造"宁波师德涵养实践基地"。构建以革命教育基地、乡村教育帮扶基地、师德楷模工作室为主体的培育体系,为师德教育提供培育支撑。通过名优教师论坛、著书立说、名师带徒、乡村指导帮扶等方式强化使命感,多渠道推进师德教育。

二是能力为本,优化教师培训体系。实施"新时代卓越教师培养工程",分层分类培养,培养乐教适教善教的优秀人才。实施"亮名师晒优课"计划,通过50个"名师树人讲堂""骨干擂台"及名师、名校长、名班主任工作室项目,协同培育优秀学前教育师资。开展长三角教育名家论坛交流活动,着力培养一批在省内外有较大影响力的领军人才。基于教育部《教师教育课程标准》,研制新时代区域卓越师资培养培训标准,推动实践导向、教师专业能力提升、职前职后融通的教师教育课程改革。

三是管理为要,创建高效培训机制。发挥办学优势,积极参与职前职后融通的教师教育改革国家级实验,建立50个职前职后融通的专家库、课程库、实践基地,培养培训100名专兼职相结合的高层次"双师型"教师,实施新教师"启航"计划,加强新教师入职培训教育的统筹规划,为职前职后培养培训的"无缝对接"提供支撑。实施培训队伍建设工程,形成"培训专家＋兼职教师"组成的"专兼结合、业务精湛、师德高尚"的高水平培训专家团队。

5. 提升国际化水平

一是深化中外合作办学,拓展"国际交流新领域"。与韩国东明大学等国(境)外高水平教育机构签订合作协议,共同培养学前教育、早期教育等领域的国际化人才,增设提升学生跨文化理解力的课程,进一步提高全外语课程和双语课程比例。通过师资互派、交换等方式联合培养一批具有国际视野的文化教育人才。积极助推教师攻读国外高校博士,选派一批专业带头人和骨干教师出国研修访学,支持学生海外学习、实习及文化交流,吸引共建"一带一路"国家留学生来校学习。提升校际交流、来华留学、合作办学、海外人才引进等工作质量,选聘优秀外籍专任教师,促进学校国际化校园氛围的形成。

二是输送宁波标准和智慧,打造"学前教育宁师名片"。打造东南亚学前教育研训中心,向泰国、柬埔寨等东南亚发展中国家输送浙江和宁波的学前教育发展理念与实践经验,通过远程直播授课、组织线上交流研讨、来甬到幼儿园园所实地考察等方式,提升东南亚国家幼儿园园长、教师职业素养;为东南亚发展中国家制定学前教育课程标准,打响"学前教育宁师名片",传播好"学前教育宁波经验",提升学校的国际影响力。

三是响应"一带一路"倡议,建设"中东欧艺术与教育创新平台"。成立中东欧艺术教育与合作研究中心,组建校内外音乐教育领域专家智库团队。与海伦钢琴等知名艺术教育机构合作,共建成立中东欧艺术交流中心。加强同国外高校或机构在音乐艺术教育领域的学术研讨、文化交流、人才培养、师资培训等。

二、从管理走向治理,以治理引导发展

从管理走向治理,是党治国理政的重大理论创新和实践创新。虽只有一字之差,但两者有很大区别,前者重视规范、管控和行政性力量,而后者强调的是以人民为中心的民本思想和人文精神,以及以法治为基础的民主性,更加重视民主协商和全员参与。[①] 因此,作为国家社会系统的有机组成部分,学校在改制发展的过程中理应顺应时代要求,实现从管理向治理的转变,优化学校制度,提升办学水平,促进优质发展。

(一)现代大学治理体系的概念

党的十九届四中全会指出,"完善坚定维护党中央权威和集中统一领导的各项制度,健全党的全面领导制度",并将"坚持党的集中统一领导"列为我国国家制度和国家治理体系 13 个显著优势之首。2016 年 12 月 7 日,习近平总书记在全国高校思想政治工作会议上强调:"高校党委对学校工作实行全面领导,承担管党治党、办学治校主体责任,把方向、管大局、作决策、保落实。"[②]因此,贯彻落实党委领导下的校长负责制,理顺校内管理体制机制,是推进高校治理体系和治理能力现代化的关键之举。

就教育治理体系及治理能力现代化而言,总结学者的主要观点,可将其分为以下三类:其一,持"制度说"的学者认为教育治理体系,主要是指国家的教育制度,是规范政府、学校、市场、社会等多元治理主体的权利与行为,维护公共教育事务的秩序和提供优质教育公共服务的一系列制度和程序。[③] 因此,教育治理能力就是国家教育制度执行能力的集中体现。其二,持"制度安排—权力互构说"的学者认为教育治理体系不仅包括相

---

① 马宏.从管理走向治理:以学术领导力激发学校办学活力[J].中国教育学刊,2020(12):11.
② 习近平.习近平谈治国理政(第二卷)[M].北京:外文出版社,2017:379.
③ 张建.教育治理体系的现代化:标准、困境及路径[J].教育发展研究,2014(9):27-33.

关静态的教育制度,还包括出于协调目的的制度间的搭配与排列,以及从中所体现出的不同主体间的权力制约。因此,教育治理体系是协调教育系统中的学校及其相关的各组织、各利益主体间关系的一系列制度安排,包括学校外部治理体系和学校内部治理体系。教育治理体系主要涉及政府与学校,以及学校内部成员,包括校长、教师、学生等关系,其核心是权力的制衡。而与此相对应的教育治理能力也就表现在面对新的教育发展要求,能够突破以往有关教育行政管理权力及学校内部行政权力滥用的困境,不断建立合理、完善的制度体系的能力。其三,持"权利关系说"的学者则认为教育治理体系要回答两个基本问题,即"教育主体是谁""教育治理主体之间是什么关系"。教育治理体系是一个非常复杂的管理体系,既涉及纵向和横向,又涉及宏观与微观。因此,教育治理能力现代化就是能够不断促进教育治理主体权利关系的明晰化、有序化、合理化的过程。

就学校治理的内涵而言,主要研究则可分为以下四个方面:其一,从治理理论角度出发的研究认为,学校治理不仅是一组制度安排,同时也是一个有关激励和约束的过程。学校治理本质上就是学校各主体对在办学过程中所表现出的教学与管理等行为的引导、肯定与匡正的过程。其二,从公民社会的角度出发的研究认为,学校治理是由公民社会引领的学校变革,是为了使学校成为一个更具民主品格和公共精神的组织机构。[①] 因此,在具体实践中,学校治理体现出治理主体的多元性、治理对象的公共性、治理过程的对话性与合作性,以及治理目标促进学校公共管理的改进和发展等特征。其三,从利益相关者的角度出发的研究认为,要分析现代学校治理体系,就必须引出一个概念,即学校利益相关者。只有处理好与学校教育资源利益相关的个人与团体之间的关系,学校治理体系才能得到充分彰显,才能处理好教育与人的关系。其四,从对学校治理自身结构角度出发的研究认为,学校治理具体分为学校外部治理和学校内部治理。虽然我国颁布实施的《中华人民共和国教育法》《中华人民共和国教

---

① 叶飞."治理"视域下的学校公民教育[J].教育学报,2013(6):52-57.

师法》等法律规定了"二会二权"(教职工代表大会、工会和教育行政机构、督导机构)的学校治理结构,但仍有部分学者认为有必要从学理层面对学校治理及其治理结构做出分析。此外,也有学者从法律的角度,特别提出公办学校内部结构的治理,关键是要厘清和调整好学校内部各主体之间的法律关系。

(二)现代大学治理体系的要素

纵观现代大学治理体系的相关研究成果,无论是"教育治理",还是"学校治理",都大致可分为两类:一类是宏观层面的研究,即对受到来自国家、社会、政治、经济、生活等方面的转型,以及宏观政策中所提出的"推进国家治理体系和治理能力现代化"的影响,教育和学校领域提出的要从管理走向治理,逐步发展教育和学校的治理体系和治理能力的研究;另一类是微观层面的研究,即通过对教育治理和学校治理中主体关系及外部结构体系等的分析,来阐释理论与实践上有关学校治理的改革思路与关键环节。学校治理体系的构建,其实质是探索使学校如何成为优质学校的过程,体现为以下四个层面。

第一,在观念层面,要给予师生个体发展真正的关注。建构"现代学校治理体系"的目的究竟是什么? 只有首先明白了这一点,才能明确学校治理的方向以及更好地实现学校治理的本来价值。当下的学校管理渗透着以人为本、尊重特色和差异等教育理念,以及由此带来的对学校自主发展的认同和重视,但在具体的学校管理中仍呈现出以学校管理者为主体的权力取向的组织管理,不仅人本身的发展遭到忽视,而且将社会附加在教育上的额外价值当作学校必须重视乃至不得不追求的教育目标。学校管理缺乏一种对教师成长和学生个体发展的教育关怀。现代学校治理的目标终究是要实现教师和学生的发展,此目标的实现是形成现代学校治理体系的首要环节或基本组成部分。

第二,在制度层面,不仅能够建立适合本校发展的制度体系,而且在制度形成过程中能够充分做到民主参与。不可否认,治理体系非常重要的就是趋向于一个共同目标的制度集合,并且各个制度之间相互作用从而形成一个体系。俞可平提出了衡量国家治理体系现代化的基本标准，即公共权力运行的制度化和规范化，公共治理和制度安排的民主化，治理过程中的法治、效率，以及制度体系间的协调。① 受此启发，在建构学校治理体系的过程中，学校都应有适合本校发展的较为完善的制度安排和规范的教育教学秩序。而对于学校内部制度应该如何建立，学校治理模式则又不同于传统学校管理模式。由于在如今急速变化的多元世界中，仅凭领导者的一己之力，几乎无法做到鼓舞人心、深谋远虑或洞察秋毫，因此，在学校这个范围较小的组织中，应尽可能做到全员参与。因为只有这样，对于学校和在其中生活、学习的师生来说，所有的学校规章制度才是具有合法性和可操作性的，才是真正属于他们的，也才是能够真正被认同和执行的。

第三，在行动层面，要建立包括校长、教师、学生、家长的合作伙伴关系。美国政策学者艾利森（Graham Allison）认为："在达到政策目标的过程中，（政策）方案确定的功能只占10%，而其余的90%取决于有效的执行。"② 学校的制度规定要起到规范、约束、激励、保障等作用，关键在于能够落实到人们的行动中。治理理论要求治理主体能够多元化、治理过程体现民主化、治理方式能够采用合作对话式。因此，在学校治理体系中，人们的行为模式也应该体现治理理论的上述基本特征。具体而言，在学校治理体系中，学校的组织管理不是单方面的行政指令，而是以协商为基本的教育决策机制，并且在具体对话过程中，校长与教师之间、教师与学生之间、学校与家长之间都是从学校教育和学生发展出发而共同合作的"伙伴关系"。而这种关系不仅是学校治理体系的组成部分，同时也正是学校治理能力现代化的集中体现。

第四，在监督层面，应为学校提供建设性意见。治理是一种公共管理活动过程和方式，它包括制度体系的构建、权力的分配与运行等。无论是哪个方面，必要的监督都不可缺少。现代学校治理体系是一个包括理念、制度、行动的系统，因此，为保证其合理运行，促进学校治理能力现代化的

---

① 俞可平.衡量国家治理体系现代化的基本标准[N].南京日报,2013-12-10.
② 丁煌.政策执行[J].中国行政管理,1991(11):38-39.

提升，在建构学校治理体系时，针对其制定与实施的整个过程都需要一定的监督。但需要注意的是，学校治理模式下的监督应该突破原来问题聚焦式监督，更多采用发展建议式监督，这样才能使监督成为优化学校治理体系和完善学校治理能力的动力与保障。

(三)学校以治理引导发展的举措

1.优化完善治理体系

一是深化改革，实现治理结构的现代化。落实党对学校的全面领导，坚持依章办学，发挥《宁波幼儿师范高等专科学校章程》在学校治理中的统领作用，不断完善"党委领导、校长负责、教授治学、民主管理"的内部治理结构。进一步强化学术委员会在学校专业建设、学术发展和学风建设等事项上的重要作用。建立重大决策专家评估、法律审核审查等制度，进一步落实校务公开制度。

二是战略引领，实现绩效评价的科学化。科学编制学校"十四五"事业发展规划，并转化为可操作的具体指标。充分发挥绩效评价的治理功能，针对二级学院（部门）、重点项目、教师个人等不同层面，分别建立战略引领下的绩效评价体系，并整合成各层次协同的绩效评价体系。全面实施绩效评价，提高二级学院（部门）的考核科学性，重点优化二级学院（部门）绩效评价指标体系和绩效考核管理办法，以"条目式＋积分制"的考核模式全方位立体式地对二级学院（部门）进行管理，进一步提高二级学院（部门）工作热情和工作实效，把战略引领下的二级学院（部门）绩效评价模式形成宁波市高校可复制可借鉴可推广的试点经验。

三是数据领航，实现学校治理的信息化。全面升级网上办事大厅"宁师Ｅ办"平台，实现至少120个高质量服务上线运行，着力打造"掌上办事之校"和"掌上办公之校"。完成学校线下办事大厅建设，推动线下办事大厅和"宁师Ｅ办"融合发展，依托智慧城市建设，加快引入政务最多跑一次服务，实现师生办事线上"一网通办"，线下"只进一道门"，现场办理"最多跑一次"。打造"宁师大脑"智能治理中心，利用大数据为学校的教育教学、后勤保障提供更科学、更动态、更有效的现代化管理。加快推进全校内部质量体系诊断与改进工作,高质量开展常态化自主诊改工作。搭建一个数据源头采集、实时采集、开放共享的统一数据中心,全面支撑诊改工作的高质量数据需求;打造一个人人参与、处处覆盖、时时共享的现代化诊改平台,全面实现诊改过程智能化,实现质量管理和数据分析的信息化。全面构建常态化整改工作机制,通过诊改工作不断提升质量意识和标准内涵,营造现代质量文化氛围,助推学校形成具有高职特色的现代质量文化。

2. 提升学校智能化水平

一是全面推进宁师大脑智能决策支撑工作。依托学校智慧校园建设架构与基础,利用大数据、人工智能以及物联网等现代技术,对整个校园进行数字孪生,实现态势全面感知、趋势智能预判、资源统筹调度、行动人机协同,带动校园治理由人力密集型向人机交互型转变,由经验判断型向数据分析型转变,由被动处置型向主动发现型转变,赋予校园更多"自我感知""自我判断""自我调整"能力。实现全校各类数据的全融合,形成统一的校园综合治理呈现、统一的信息系统管理控制、全面的数据感知和数据智能,让数据帮助学校决策和思考,推动校园治理能力的升级,实现校园治理现代化(如图4-3所示)。

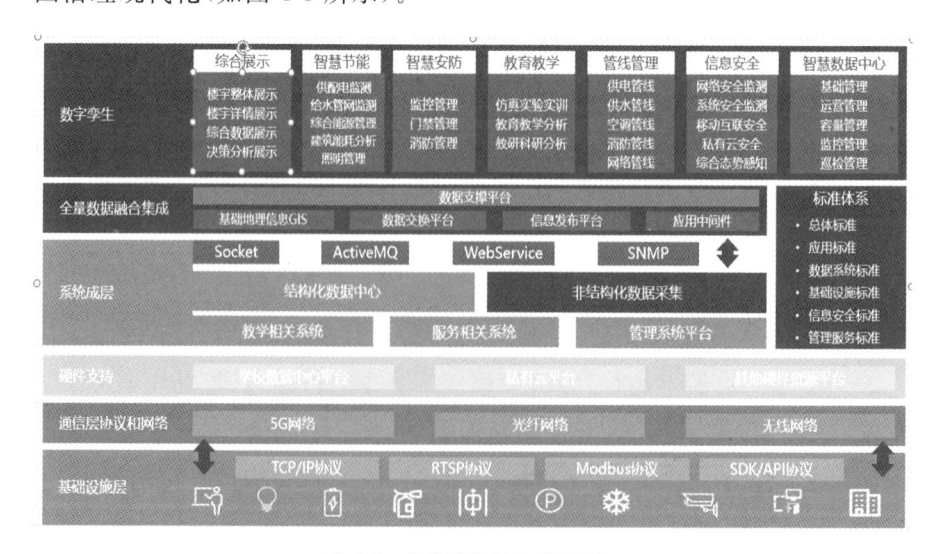

图4-3 学校"宁师大脑"架构

二是全面推进学前教育大数据中心建设。充分整合学校儿童研究院、学前教育专业、校园数据治理经验以及教育评估、教师培训等多方优势，推进长三角（宁波）学前教育大数据中心建设工作，为各级教育行政机构提供整套学前教育大数据服务，为学校学前教育专业产学研提供新引擎。完成大数据中心1+3建设工作，即建成一个学前教育大数据平台、一套学前数据标准体系、一套数据共享开放体系、一套数据应用服务体系，探索大数据与人工智能技术背景下的学前教育大数据中心"政、校、企"三位一体可持续运维机制。

3. 加强师资队伍建设

一是对标"四有"标准，全面深化师德师风建设。落实新时代高校教师职业行为准则，出台《建立健全师德师风建设长效机制的实施意见》，实行负面清单和师德师风一票否决制。建立"硬指标"，开展师德全员考核，强化"三全"育人。实行师德培训学分制，将师德、政治素养纳入教师培训课程的必修模块，融入教师评价标准。

二是强化领军引领，全面建成高水平教师队伍。实施领军人才"旗手"计划。引进具备学术、专业领军能力的杰出人才，挂帅建设专业群高水平教师教学创新团队，聚焦教师、教材、教法"三教"改革，建成学前教育专业群等多个高水平教师教学创新团队，在入选省人才工程、省教学名师上实现新突破。实施专业带头人、名师名家"领航"计划。引进专业带头人若干，柔性引进知名专家、名优园长、技能大师10—20人，完善专业群省、校级人才梯队培养体系，发挥带头人、名师名家在专业建设和人才培养中的领航作用，带领建成各级名师名家工作室，每年引进培养博士若干。

三是完善双向聘用机制，全面提升"双师型"教师队伍整体水平。构建校校（校企）双向聘用机制，畅通校外高水平人才助教渠道，聘请幼儿园教师、名园长等优秀教师50名；输送若干教师进附属幼儿园、基层幼儿园实践锻炼。改革专业教师引培机制，根据公开招聘有关规定试行通过直接考察方式，从一线公开招聘高层次紧缺人才担任专职教师。推动校校（园）、校企共建"双师型"教师培养培训基地，打造符合省级职业院校"双师型"教师培训基地建设标准的基地若干。

四是创新评才育才机制,全面优化师资队伍总体结构。健全教师考核评价体系,师德为先,破除"五唯",突出业绩和能力导向,建立多元评价指标。建立教师荣誉制度,完善"最美宁教人""四有好老师"等师德荣誉项目,给予教师更多获得感和成就感,增强教师教书育人主动性,发挥"荣誉树德"积极作用。建设高水平教师发展中心,开发主要面向新入职教师、新秀教师群体的入职教育、青年助讲等精品项目若干,构建教师入职培训和在职研修的项目体系。

三、优化资源整合,合力保障发展

学校在改制过程中,坚持走内涵式发展之路。从生态学的视角来看,内部环境是学校的自然环境,外部环境是学校的社会环境,自然环境与社会环境分别衍生了学校改制发展的内外部资源。为实现高水平、高效率的改制,学校致力于对内外部资源的优化整合,在获取外部支持的同时,以自身的不懈奋斗推动改制合力的形成,以内外合力保障学校改制顺利进行。

(一)沟通外部,积累改制资源

公共关系是学校在改制过程中获取外部资源的基础,而政策资源是外部资源的主体。高校公共关系是高校有目的有意识地通过沟通交流、宣传、广告、双向式协商和形象塑造等,协调自己与其公众相互关系的活动,包括内部公共关系和外部公共关系。高校外部公共关系是学校为了实现教育目标,有计划地利用各种信息传播手段,争取社会的支持、信任与合作,从而树立学校良好形象,以促进学校管理工作的各类活动。

良好的外部公共关系状态为学校改制转型发展创造最佳的外部环境和条件。为了赢得外部公众对学校的了解和支持,学校有意识地采取一定的方法和策略,主动与外部公众交往。通过沟通交流,谋求外界合作、扩大交往、增进了解、加深理解,使学校与外部公众良性互动,营造有利于学校改制转型的外部环境与氛围。

1.政府的大力支持

第一,教育部的大力支持。

2017 年 9 月 7 日,时任教育部科学技术司司长雷朝滋来宁波教育学院调研学前教育专业建设,并指出要从自然科学的角度研究教育,特别是要遵从人的身心发展规律,根据科学的规律开展教育;在学前教育师范生培养的过程中,要突出强调学生音乐能力、美术能力、动手操作能力的培养和提升(如图 4-4 所示)。

图 4-4 时任教育部科学技术司司长雷朝滋视察调研

2018 年 5 月 9 日,时任教育部学校规划建设发展中心主任陈锋与党总支委员张海昕为学院的改制转型进行指导,并研商共建中国儿童研究院(如图 4-5 所示)。

2019 年 3 月 20 日,时任教育部学校规划建设发展中心主任陈锋充分肯定学校学前教育建设成果,并希望学校能以改制为契机,筹建好儿童研究院,开展好儿童和教师心理发展的研究、监测、评价和应用工作,开发好面向新时代儿童发展的新课程,探索新的学习方式。2019 年 5 月 22 日,陈锋主任再次来校正式启动儿童研究院,并指出,学校要在改制为全日制高校后,进一步发挥优势,推动学校和教育形态变化,全面做好儿童研究工作(如图 4-6 所示)。

图 4-5　教育部学校规划建设发展中心党总支委员张海昕指导学院改制转型发展

图 4-6　时任教育部学校规划建设发展中心主任陈锋在儿童研究院启动仪式上讲话

2020年4月,时任教育部师范司司长任友群对学校改制转型后的发展进行了指导,他对学校改制转型后的办学定位、专业开设、区域教育合作以及坚持教师培养和培训一体化提出指导性意见(如图 4-7 所示)。

图 4-7　时任教育部师范司司长任友群指导学校发展

第二,浙江省委、省政府的大力支持。

2019 年 11 月 26 日,时任浙江省副省长成岳冲来学校(此时已改制)视察调研指导改制转型工作,对学校改制转型发展的成果表示赞赏,并强调指出,学校改制设立为全日制高等师范院校是积极响应党的十九大和全国教育大会的号召,服务"幼有所育"民生目标的一次重要实践,对促进全省学前教育健康发展能起到重要保障作用(如图 4-8 所示)。宁波教育学院在原有基础上改制为独立设置的全日制学前师范院校,进一步完善了当前全省师范教育体系,进一步优化了全省高等教育结构布局。就学校未来发展,成岳冲提出了几点希望。一是希望进一步践行党的十九大报告提出的"幼有所育"基本方略,扎实推进学校转型发展,加快杭州湾校区硬件设施建设,着力推进学校内涵建设,全面提升学校办学水平。二是希望进一步凝练专业特色,建一流学前教育专业,创一流教师教育品牌,努力把学校打造成一所高水平、高质量的卓越师范院校,成为浙江省优质幼师培养摇篮。三是希望进一步加大投入力度,支持幼教事业发展,努力为社会、为民众输送优质的学前教育人才,以满足新时期人们对幼儿教育的更高期许,全力打造浙江省学前师范教育的新名片。

图 4-8　时任浙江省副省长成岳冲(左图右二)视察调研

学院的改制转型工作还得到了省教育厅的指导和支持。时任浙江省教育厅厅长郭华巍、副厅长于永明高度重视学校改制工作,于永明于 2019 年 5 月 22 日莅临学校听取改制工作汇报,并对学校转型发展提出了宝贵的意见、建议(如图 4-9 所示)。

图 4-9　时任浙江省教育厅副厅长于永明(右二)视察调研

时任浙江省教育厅计财处副处长陈达在 2017—2019 年,多次来学校指导改制工作(如图 4-10 所示)。

图 4-10　时任浙江省教育厅计财处副处长陈达指导学校改制转型工作

第三,宁波市委、市政府的大力支持。

2018 年 1 月,时任宁波市副市长许亚南来学校视察调研,对学校改制工作提出以下要求:一是要加快改制报批程序,抢机遇;二是要在培养目标定位清晰的基础上,对专业进行改造;三是要加强教师队伍建设,整合师资力量;四是要对改制后的校名进行斟酌,做好改制工作;五是要统一全校教职工思想,平稳过渡(如图 4-11 所示)。

图 4-11　时任宁波市副市长许亚南(右图右一)视察调研

时任宁波市委教育工委书记朱达、时任宁波市教育局局长黄志明与学院主要领导先后赴浙江省教育厅、教育部,多次专题汇报宁波教育学院改制工作。

2018年3月，时任宁波市政府副秘书长王建云、时任市教育局计财处处长蒋和法等来学校视察调研，对学校下一阶段改制工作提出六点建议：一是要抢机遇、抢时间，加快改制进度，落实落细改制报批程序；二是要明确改制难点、重点；三是要把握好地方与全局的关系；四是要不断完善转制方案；五是要积极做好思想宣传工作；六是要正确认识区域优势。

2018年3月，时任宁波市政协党组副书记、副主席郁伟年来学校视察调研。宁波市政协向市委、市政府提交了《关于加快推进宁波教育学院改制工作的建议》。郁伟年对学院下一阶段发展提出了五点建议：一是要做好学院专业定位，拓展学院专业设置的深度与广度；二是要积极探索学前教育"一专多能"的人才培养模式；三是要扎根宁波本土文化和特色办学，也要接轨国际，走好开放办学的道路；四是要积极认识新校区（杭州湾新校区）的区域优势，提升学校发展的内驱力；五是要积极做好思想宣传工作，让全体教职工主动化解矛盾，着眼学校发展大局。

2018年5月，许亚南主持召开市政府专题会议，研究了原宁波TAFE学院建设项目资产划转有关事宜。会议指出该建设项目的整体规模及功能布局，与宁波教育学院转型为全日制普通高校的办学要求基本匹配；各有关部门和单位要加强支持配合，协同做好相关资产划转工作；转型后的宁波教育学院主校区迁至宁波杭州湾新区。

学校在转型改制阶段，还得到了政府在其他方面的大力支持。一是在校名选择方面。在考察的高校中，各校一致认为校名对改制后的招生、就业、科研、人才等方面有较大影响。因此各个学校都把校名作为转制工作的重要目标。同时，学校一致认为校名问题与政府的支持密不可分。二是在招生指标方面。考察的高校在转制后都面向全国范围招生，短期内在校生人数大幅增长。其中三所本科院校2018年在校生人数都超过了15000人，湖南幼儿师范高等专科学校也达到了7000名在校生的规模。学校都承担了所在省份的免费师范生培养项目，每年培养人数都在500人左右。适度合理地扩大办学规模是学校可持续发展的有力保障。

第四，教育主管部门的大力支持。

2017年11月，时任宁波市委教育工委书记朱达来校调研，对学校的改制工作提出五点要求：一是要着眼大局，勇往直前。从学校发展的前景，从宁波市高等教育结构，从全省幼儿教师培养角度去谋划建设高质量的幼儿师范专科学校，为宁波市乃至浙江省幼儿事业做出贡献。二是要加强谋划，细化方案。学校要对办学目标、学科专业建设、师资储备等方面提前做好谋划工作，对学校改制工作方案要细化，进一步加强调研和认证工作。三是要整合资源，优化结构。要对现有的增量进行调整，要有所为有所不为，把培养高质量的幼师作为培养目标来考虑学校的改制建设工作。四是要抓住机遇，加快转型。机遇十分难得，学校要积极行动，集中精力做好改制工作，要以办出一流幼儿师范高等专科学校为目标而努力奋斗。五是要统一思想，平稳过渡。全校上下要统一思想认识，服从服务大局。主动化解矛盾，形成和谐合力，确保平稳过渡（如图 4-12 所示）。

图 4-12　时任宁波市委教育工委书记朱达(右二)视察调研

第五，杭州湾新区对新校区建设的大力支持。

2018 年 5 月，时任杭州湾新区党工委书记俞雷做关于杭州湾新区发展的形势政策报告，从区位交通、规划功能布局、发展定位与目标、新区发展历程、成立八年来的成绩等方面介绍了杭州湾新区基本情况，并从产业梦、创新梦、城市梦、文化梦、品质梦等方面介绍了杭州湾新区的现在和将来,并就学校杭州湾校区的建设提出了意见和建议。同时,该次报告使全校教职工对新校区的发展和学校前景树立了信心。

2. 专家的倾情献策

改制阶段,学院邀请来自各单位的专家通过实地考察、听取改制工作报告、查阅材料等,对学校改制转型进行了指导。

2017年11月1日,学院党委书记苏泽庭带队赴华东师范大学调研,华东师范大学教育学部主任、终身教授袁振国对改制工作进行指导。

同年11月13日,北京师范大学原副校长林崇德教授、北京市人大常委会副主任庞丽娟教授为学院改制转设为幼儿师范院校提供了宝贵的意见和建议(如图4-13所示)。

图4-13　北京师范大学原副校长林崇德教授(右一)指导学院改制转型工作

同年11月30日至12月1日,学院党委书记苏泽庭带队赴南京师范大学、徐州幼儿师范高等专科学校(如图4-14所示)、贵州师范学院、贵阳幼儿师范高等专科学校、广西教育学院等校调研合作办学、专家咨询、专业建设、机构设置、办学定位、师资队伍建设等。南京师范大学顾荣芳教授等人对学校的办学进行指导(如图4-15所示)。

图 4-14　学院党委书记苏泽庭带队赴徐州幼儿师范高等专科学校调研

图 4-15　南京师范人学顾荣芳教授(左二)对学院办学进行指导

2018年12月17日至18日,浙江省教育厅组织专家对宁波教育学院改制工作进行评估。专家组认为宁波教育学院改制具有必要性和可行性。

学校前期做了大量调查,对学前教育师资需求进行了认真的分析与研究。无论是在国家层面,还是在浙江省、宁波市,学前教育师资供不应求,这是符合事实的。在这一大背景下,推动宁波教育学院由成人高校向全日制普通高校改制转型提升发展,努力办好学前教育专业,加大学前教育师资培养力度,建立一所以培养学前教育师资为主的应用型、师范性普通高等院校,对国家发展战略和教育的整个发展趋势来讲,是必要的。同时,宁波教育学院经过60年的历史积淀,有比较好的办学基础,尤其是在办学前教育专业方面,积累了很多经验。宁波市委、市政府和市教育局高度重视并大力支持学校改制工作,成立了改制工作领导小组,出台了一系列政策措施。以上这些方面都体现了宁波教育学院改制是必要且可行的。

同时,改制评估专家组就下一步改制工作提出了改进意见与建议,具体如下:一是建议市委、市政府加快权证办理,以达到全日制普通专科院校的办学要求;给予人事和财政政策支持和倾斜,支持师资队伍维稳工作;加大经费投入,适当考虑在原有生均拨款基础上乘以1.5系数,切实提高适合培养学前教育教师内涵发展的专项经费投入。二是建议市教育局设计出强化教育培训的系统方案,为宁波教育学院教师、教育行政干部培训提供平台、机制、经费与政策;统筹全市专业设置,整合学前师范教育资源。三是建议宁波教育学院根据高起点、高水平、高质量、有特色的办学标准,着力研究并办好特色专业,打造"两群一链"(学前教育专业群、艺术教育专业群、以幼儿智能产品开发为主的产业—专业链),重点加强学前教育专业建设,重视核心课程建设,努力通过国家专业认证;建设与专业建设相匹配的师资队伍,建议引进有经验的幼儿园园长或实践丰富的教师;做好教育教学有关研究,营造师范教育环境,凸显学前师范院校特点;强化学前教育实训有关场所的建设;力争把儿童研究院建成一个实体机构;加强国际化教育,开展早期教育双语教学。四是建议宁波市委、市政府,以及宁波市教育局和宁波教育学院,在校名问题上进一步加强论证研究与协商。根据专家组提出的高质量、高水平、高起点、有特色的要求,围绕宁波教育学院转型发展,特别是在经费保障、人才政策等方面,给予高度重视和高度支持力度,助力学校进一步优化办学条件,拓展办学平台,加大政策支持力度,推进宁波教育学院发展(如图4-16所示)。

世界银行相关专家对学校改制也给予了一定的支持。2016年12月15日,学校赴北京与世界银行(中国)教育专家肖丽萍博士、付宁博士交流项目。两位教育专家一致认为改制项目能切合当前国家比较关注的学前教育、早期教育、职业教育,改制项目有血有肉、内容丰富、创新点多。2017年3月4日,时任世界银行首席教育专家梁晓燕博士来校调研,对改制项目的理念和创新点给予了充分肯定,认为该改制项目在东部沿海地区具有一定的示范引领作用(如图4-17所示)。

图4-16 改制转型评估专家组工作现场

图4-17 时任世界银行首席教育专家梁晓燕博士(左四)调研学校

(二)强化自身,营造改制合力

荷兰学者科尔塔根(Fred A. J. Korthagen)认为,外界对人的影响或者人的改变可以分成不同的层次,类似一个洋葱头结构:最外层是环境和行为,这是可以直接观察到的,下一层次是能力,再往下是信念,最核心的层次是认同和使命。在这个结构中,内层的改变较为困难。同样,从学校改制转型的层面来看,外部的支持固然丰厚,但若要顺利将外部资源转变为改制转型的内部动力,最根本性的措施就是要内外并举,在获得充足外部支持的前提下,不断强化学校自身,充分营造良好的改制环境,努力将内部信念与外部支持相结合,最终形成足以推动改制转型顺利完成的合力。

为了强化己身,从改制转型发展的酝酿阶段开始,学校就注重向全体师生传达改制转型的必要性和可行性,描绘学校发展的蓝图和愿景,以此激励全体师生。在改制的各个阶段还专门召开全体教职工会议,解读改制转型发展方案,通报改制转型的进展情况(如图 4-18 所示),会议中明确指出,改制转型工作事关学校事业发展,事关广大教职工的个人成长,事关广大教职工的切身利益。改制转型是全校的一件大事,也是一件好事,更是一件难事。改制转型能否成功取决于多方面的综合因素,但有一点是明确的,就是改制转型是目前学校事业发展的唯一出路。最终在改制转型问题上,全校达成了共识:改制转型是学校生存发展的唯一出路;改制转型必须大事大抓、稳步推进、积极作为;改制转型必须坚持高起点、高水平、高质量、有特色。

图 4-18 学校改制通报大会

除达成共识外,学校还在基础设施、教育教学、行政管理等多方面强化己身,力求更好地衔接外部支持,推动改制转型合力的形成。

1. 突破改制转型瓶颈

《教育部关于"十三五"时期高等学校设置工作的意见》下发后,学院对照办学条件,积极逐一抓落实。在校园占地面积、生均用房面积两项指标尚不达标的情况下,学院主动与上级有关部门沟通,解决土地难题。2018年5月,宁波市政府召开协调会,宣告杭州湾校区权证的接转,将原宁波TAFE学院移交给学校办学。7月4日,学校正式与原宁波TAFE学院交接。移交后,学校总占地面积为571.53亩,生均用房面积达到45平方米。由此,学校办学条件已符合国家《高等职业学校设置标准(暂行)》的要求,制约学校改制的校舍问题得到了解决。

2. 加强内部改革

一是学校机构调整顺利完成。学校按照全日制普通高校的要求,对学院原有机构进行调整,设置了12个党政管理部门、7个教育教学部门、6个党总支、2个群团组织和2个教辅部门,并开展了新一轮中层干部调整。二是专业内涵建设全面铺开。学校多次召开专业建设规划调研会、人才培养方案汇报论证会,确定了未来专业建设发展思路,即"两群一链"。三是师资队伍建设深入推进。推行"5311百名人才计划"[①],选送优秀教师攻读博士学位,建立科学引才、用才和评才制度,多次召开师资队伍建设规划征求意见会,全面做好改制转型背景下学校师资队伍建设规划。四是人才培养模式不断优化。学校重点打造学前教育专业,凸显学生"一专多能""学有所长"专业特色。

3. 做好迎评和新校区启用工作

2018年8月,宁波市人民政府向浙江省人民政府提交了《关于要求批准宁波教育学院转型并更名的请示》,学院改制转型工作进入迎接省专家评估阶段。2018年9月初,学院完成改制转型迎评材料的准备工作;9月上旬,浙江省教育厅有关领导来校调研,对迎评材料给予了充分肯

---

① 根据"新秀教师—专业骨干—专业带头人—专业领军人物"四个人才层次,着力引进和培养50名新秀教师、30名专业骨干、10名专业带头人、10名专业领军人物共100名高水平人才。

定。同年,学校制定了杭州湾校区的管理、教学、服务等工作的细则,保证杭州湾校区各项工作平稳有序开展。学院完成主体搬迁,迎来了1291名新生入驻杭州湾校区(如图 4-19 所示)。学校在杭州湾校区举行了新校区启用仪式,全面启用新校区(如图 4-20 所示)。

图 4-19　学校召开改制搬迁动员大会

图 4-20　时任宁波市教育局局长黄志明在杭州湾校区启用仪式上讲话

4. 改制转型工作有序推进

2018 年 1 月 3 日，学院正式向宁波市教育局递交了《关于宁波教育学院改制为普通高等学校的请示》(如图 4-21 所示)。2019 年 3 月 27 日，浙江省人民政府对宁波教育学院改制设立为宁波幼儿师范高等专科学校进行了批复(如图 4-22 所示)。2019 年 5 月 22 日，教育部办公厅公布实

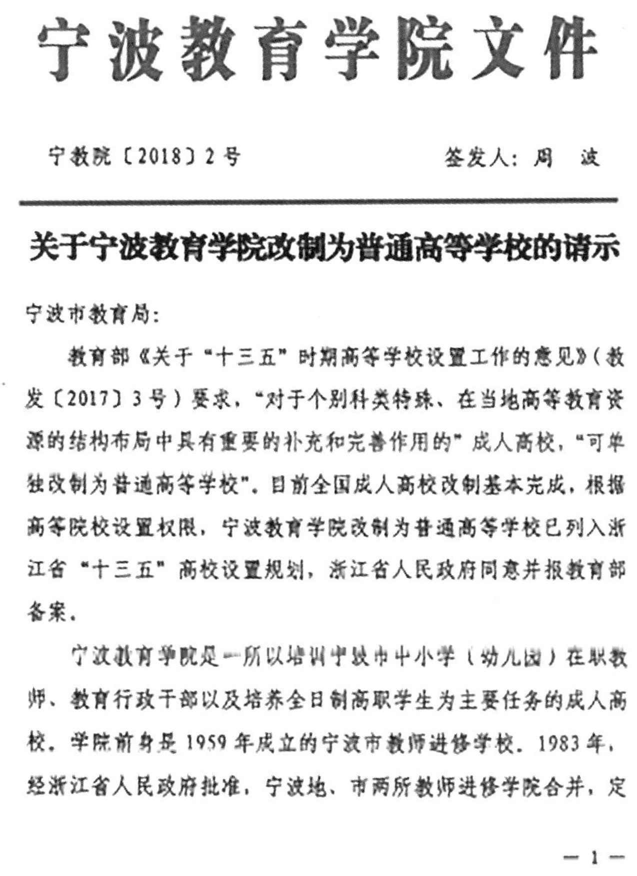

宁波教育学院文件

宁教院〔2018〕2 号　　　　签发人：周　波

关于宁波教育学院改制为普通高等学校的请示

宁波市教育局：

教育部《关于"十三五"时期高等学校设置工作的意见》(教发〔2017〕3 号)要求，"对于个别科类特殊、在当地高等教育资源的结构布局中具有重要的补充和完善作用的"成人高校，"可单独改制为普通高等学校"。目前全国成人高校改制基本完成，根据高等院校设置权限，宁波教育学院改制为普通高等学校已列入浙江省"十三五"高校设置规划，浙江省人民政府同意并报教育部备案。

宁波教育学院是一所以培训宁波市中小学(幼儿园)在职教师、教育行政干部以及培养全日制高职学生为主要任务的成人高校。学院前身是 1959 年成立的宁波市教师进修学校。1983 年，经浙江省人民政府批准，宁波地、市两所教师进修学院合并，定

— 1 —

图 4-21　《关于宁波教育学院改制为普通高等学校的请示》

施专科教育高等学校备案名单,学校正式改制设立为宁波幼儿师范高等专科学校(如图 4-23 所示)。2019 年 12 月 21 日,学校新校名"宁波幼儿师范高等专科学校"正式揭牌(如图 4-24 所示)。

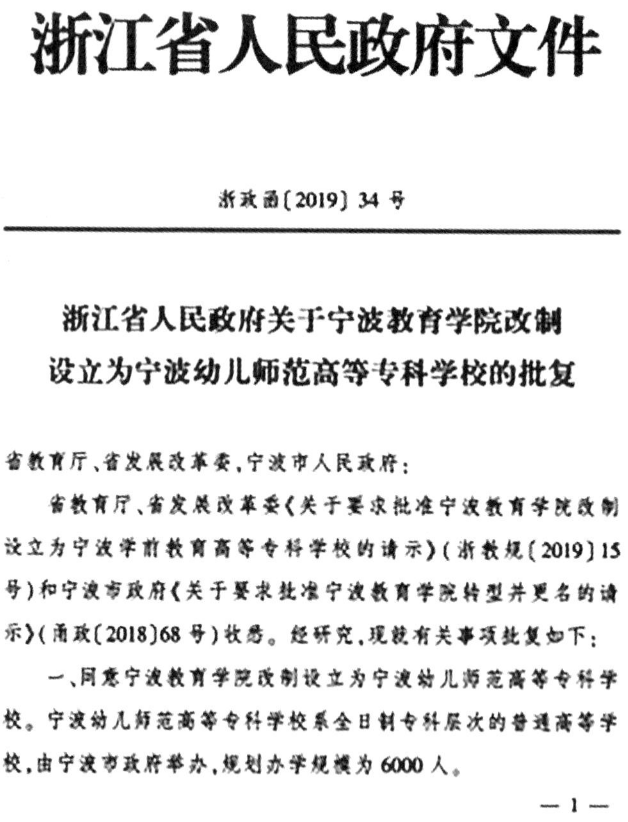

浙江省人民政府文件

浙政函〔2019〕34 号

浙江省人民政府关于宁波教育学院改制设立为宁波幼儿师范高等专科学校的批复

省教育厅、省发展改革委、宁波市人民政府:

省教育厅、省发展改革委《关于要求批准宁波教育学院改制设立为宁波学前教育高等专科学校的请示》(浙教规〔2019〕15号)和宁波市政府《关于要求批准宁波教育学院转型并更名的请示》(甬政〔2018〕68 号)收悉。经研究,现就有关事项批复如下:

一、同意宁波教育学院改制设立为宁波幼儿师范高等专科学校。宁波幼儿师范高等专科学校系全日制专科层次的普通高等学校,由宁波市政府举办,规划办学规模为 6000 人。

— 1 —

图 4-22 《浙江省人民政府关于宁波教育学院改制设立为宁波幼儿师范高等专科学校的批复》

教育部办公厅

教发厅函〔2019〕64号

教育部办公厅关于公布实施专科教育高等学校备案名单的函

有关省、自治区、直辖市人民政府办公厅：

根据《中华人民共和国高等教育法》《普通高等学校设置暂行条例》等有关法律法规的规定，现将省级人民政府审批新设、更名、合并调整的专科层次高等学校备案名单予以公布。

专此函告。

附件：省级人民政府审批设置实施专科教育高等学校备案名单

教育部办公厅
2019年5月22日

序号	学校名称	建校基础	审批机关	学校标识码	备注
（三）成人高校改制为高等职业学校（3所）					
1	宁波幼儿师范高等专科学校	宁波教育学院	浙江省人民政府	4233050559	公办
2	广元中核职业技术学院	四川核工业职业大学	四川省人民政府	4251050881	非营利性民办
3	崇左幼儿师范高等专科学校	南宁地区教育学院	广西壮族自治区人民政府	4245051675	公办
二、更名、合并调整高等职业学校（5所）					
（一）更名高等职业学校（3所）					
1	河北艺术职业学院	河北省艺术职业学院	河北省人民政府	4113012885	公办
2	四川铁道职业学院	四川管理职业学院	四川省人民政府	4151014006	公办
3	常州工业职业技术学院	常州轻工职业技术学院	江苏省人民政府	4132013101	公办
（二）合并调整高等职业学校（2所）					
1	辽宁生态工程职业学院	辽宁水利职业学院 辽宁林业职业技术学院	辽宁省人民政府	4121012593	公办
2	山西工程职业学院	山西工程职业技术学院 山西煤炭职业技术学院	山西省人民政府	4114014681	公办

图 4-23 《教育部办公厅关于公布实施专科教育高等学校备案名单的函》及名单

图 4-24 时任宁波市副市长许亚南（前排左一）为新校名揭牌

第三节 改制转型困境的突破

尽管宁波教育学院改制转型具备科学的蓝图规划与适切的路径选择,但改制的过程并非一帆风顺。在围绕改制蓝图践行改制规划的过程中,宁波教育学院先后遭遇了资源短缺、后备人才不足以及信息化技术落后等问题。这些问题不但阻碍了学校改制的顺利完成,也与学校改制后转型发展的现实需求不相适应。因此,如何有针对性地发现改制中的问题,如何正确地应对改制转型中的问题,实现改制转型困境的突破是宁波教育学院改制过程中必然要考虑的。

一、学校改制转型的困境分析

(一)办学资源短缺

学校主要有环城、杭州湾两个校区,校区占地总面积518亩,其中,杭州湾校区占地面积487.68亩。杭州湾校区原来的规划布局与学校的功能需求存在一定错位。在新校区的建设中,原有的部分用房及设施配置与学校实际发展需求相脱节,在一定程度上制约了学校的建设和发展,因此,就学校改制转型规划中建设高起点、高水平、高质量、有特色的办学要求而言,仍需要一些前瞻性的政策资源倾斜。而在具体的办学资源上,已建成的教学实验、实训等办学场地需要进行布局调整和功能改造,学生宿舍、教师公寓、食堂等生活设施也有待加强。

(二)师资队伍水平有待提高

高职称、高学历教师分布不够均衡,重点专业师资力量有待加强,人才创新和服务社会能力相对薄弱,青年教师业务能力和国际化水平需进一步提升,兼职教师教学质量有待提高;高层次领军人才、高水平高素质行政管理人才、优秀科研创新团队和教学团队数量有待提高,"双师型"教师数量偏少。此外,学校教师编制数亟待扩充,而由于学校主校区地处杭州湾新区,在人才引进方面难度增加,因此亟须市政府根据学校实际情况在人事和财政方面给予政策支持和倾斜。学校的绩效工资政策也需要进行修订,以进一步提升教职工福利水平,保证教师队伍的稳定性和战斗力。

(三)信息化建设水平略显滞后

在信息化时代,高校教学与科研水平的提高越来越离不开信息化服务。信息化水平越高,对于教学与科研的服务与促进作用就越强。高水平的信息化建设不仅能够有效服务教学与科研,更能提高教师教育教学水平,增强高校的科研能力,从而使高校的办学水平获得整体化的提高。因此,高校的信息化建设水平在一定程度上反映了高校的办学水平。然而,当前学校的信息化建设水平与改制转型发展的需求相比,仍处于建设的初级阶段。学校网络应用层次不够高,师生信息化意识有待增强,信息化需求有待激发;学校信息化投入有待增加,信息化统一组织协调有待加强,信息孤岛问题依然存在,亟须加强信息化水平建设。

二、突破改制转型困境的举措

学校主校区搬到杭州湾新区后,办学条件得到极大改善。2018年5月16日,宁波市教育局召开原宁波TAFE学院与宁波教育学院搬迁工作部署会。会议要求各单位在原有工作基础上,抓紧细化搬迁工作方案,做到责任到人,点对点做好搬迁具体事项的对接,并定于2018年7月4日举行交接会,原宁波TAFE学院与宁波教育学院、宁波城市职业技术学院、宁波外事学校就人、财、物等进行全面交接。基础设施的完善为学校专业的发展和科研创新能力的提升提供了坚实的保障,也为学校改制转型困境的突破提供了更为广阔的空间。

(一)外争资源

扩大校区,完善基础设施后,学校办学外延获得扩充,对外开展合作与服务的平台也日趋多元,为改制转型困境的突破提供了外部途径。为了进一步加强影响力,学校首先展开了与教育部学校规划建设发展中心的合作。2018年12月3日,教育部学校规划建设发展中心和学校签署了共建"儿童研究院"合作协议,并进行了儿童研究院的正式揭牌。这是继重庆第二师范学院之后,教育部学校规划建设发展中心和高校合作共建的全国第二家儿童研究院。学校就儿童研究院建设、专业建设、人才培养的成功经验,学前教育学院管理经验、队伍建设、学生管理的成功经验等四个方面,到重庆第二师范学院进行学习和取经。以教育部学校规划建设发展中心儿童研究院为平台,学校办学的辐射范围得以扩大。

此外,学校还积极与相关行业企业开展合作共建。例如,2018年7月11日,与海伦钢琴股份有限公司合作共建"海伦艺术教育发展中心"。海伦钢琴股份有限公司研发的智能钢琴教室系统旨在服务于城市幼儿艺术教育的推广普及,提升城市文化品位,进而推动"让每个孩子学会一门乐器"的社会实践。在学校和海伦钢琴股份有限公司的共同努力下,海伦艺术教育发展中心为宁波艺术教育事业的繁荣发展贡献了一份可喜的力量。通过多方合作共建,学校依托日趋增加的影响力,已然可以通过外部资源的争取突破改制困境。围绕改制困境的突破,在外争资源的决策下,学校主要争取以下支持。

一是争取政策支持。主要争取相关政府部门出台人才政策、招生政策、人事政策(含福利)、体制机制创新政策,以推进改制工作顺利开展。

二是争取土地支持。有多个县(市)区对本项目表现出积极的合作意向。学校深入调研,并研究出台详细方案。根据《国务院关于促进节约集约用地的通知》文件精神,要"提高建设用地利用效率",合理确定城市用地规模和开发边界,强化城市建设用地开发强度、土地投资强度、人均用地指标整体控制,提高区域平均容积率,优化城市内部用地结构,促进城市紧凑发展,提高城市土地综合承载能力。因此,我们在争取土地支持的过程中,不得不考虑土地指标、土地成本等问题。

三是争取资金支持。主要是要争取当地政府的支持、市财政性教育经费等各类资金投入。结合《浙江省学校建设项目用地控制指标》(修订),学校建设项目容积率不宜低于0.5,且大专院校生均用地指标$\leqslant 80m^2$/人。

根据办学规模 8000 人规划设计,本项目建设用地面积需求应低于 640000 平方米。按照 8000 人测算投资总额约 14.5 亿元,其中校舍建设标准按照每平方米 5000 元计算,教育设备经费最低投资额按 5000 万元计算(不包含土地和市政设施配套建设经费)。

四是争取人力支持。一方面,成立专家咨询委员会,为学校改制转型发展献计献策;另一方面,出台人才引进政策,实施一校一策,提升学校内涵建设。

(二)内强管理

目前学校的管理基本源于"成人高校＋高职院校"的管理,离全日制普通高校的管理尚有距离。改制的推进要靠优质的管理,更需要坚持治理思维。早在"十三五"规划时,学校就提出了以改革创新为动力的治理路径。一方面,要以深化改革为动力,进一步强化质量导向,按照依法治校和现代教育治理体系建设要求,努力构建现代学校制度,进一步完善管理体制和运行机制,完善学校治理体系,提升管理效率,提升办学水平。另一方面,要大力强化管理创新,以创新驱动释放办学活力,提升学校对宁波乃至浙江地方经济社会发展的贡献度。

以教师管理为例,在全日制高校的管理体制中,教师之间的积极合作无疑是促进学校发展的重要推手,因此,在推进强化学校治理的进程中,学校致力于增强交往对教师行为的引导性作用,以推动教师间的相互合作。人们往往通过在特定情境中与他人的交往而习得相应规则,而在教师的互动和交往之中,不同行动者所秉承的"符号"之间进行碰撞的结果会逐渐形塑和改变教师原初的想法和概念。例如,同事群体对教师行动的影响在于同事所认同的群体规范对教师个体实践规范的认同和形成具有极强的导向作用。在日常相处中,同事的言辞或公开表露的情绪,会默默地影响教师的情绪与言行,除个体教师外的同事群体所形成的公共规范往往成为衡量教师个体是否产生越轨行为的标尺。合理运用这样的环境和机制,将微观因素嵌入教师实践逻辑形成的内部,是完善学校管理制度的重要途径。

此外,内强管理还要坚持创新体制机制,在多个方面推动管理向治理转变。在制度建设方面,要按照"党委领导、校长负责、教授治学、民主管理"的原则,推进具有学校特色的现代大学制度建设,全面梳理并健全完善教学管理、人才培养、学科建设、学生管理等方面的制度,通过一系列建章立制,形成相互衔接、较为完备的制度体系;在人事管理方面,坚持以人事制度改革为核心,建立集聚人才体制机制,择各路英才而用之,加快形成具有核心竞争力的人才制度优势,完善人才评价机制,以管理制度改革为保障,加强顶层设计和整体谋划,努力实现管理效益最大化;在师生参与方面,拓宽师生参与民主管理、民主监督的渠道,完善职能部门的联合工作机制,协同制定政策,进一步做好专项统筹,整合各个建设项目和平台的资源,进行统筹管理和使用。由此,通过各方的协同并进,在改制过程中努力推动学校从粗放式的外延式管理转向更加精细化的内涵式管理,从经验型管理转向更加科学的管理,从相对封闭的管理转向师生和社会广泛参与的开放型管理,最终达成由中心管理向多元治理的转型。

(三)共谋方略

主体意识是个体自我意识中最积极、最能动的部分,是个体进行自主活动的意识基础。教师是高等教育的行为主体,也是高校教师文化的创造者、推广者和传播者。学校改制关系着每一位教师的切身利益,需要学校全体教师同心协力,共担发展使命。

为了引导教师积极参与改制,共谋方略解决改制转型难题,学校应当多措并举,切实增强教师的主体意识,通过学术委员会、工会、全体教职工代表大会等载体,保证教师参与到学校改制转型发展中来,推动高校教师由应然主体向实然主体转变。为了鼓励教师参与发展,首先,学校要加强环境保障。进一步加强党对学校工作的领导,坚持民主集中制,坚持和完善党委领导下的校长负责制,健全党风廉政建设责任制,从制度上保证对干部权力运行的有效监督和制约,为学校改革和发展构建健康、稳定、有序的良好环境。要强化舆情排摸和思想政治工作,倾听师生意见和呼声,关注并积极解决师生最关心、最直接、最现实的实际问题,及时化解学校改革和发展过程中的各种矛盾。其次,加强条件保障。做好校区的规划与设计,实施对育才校区现有基础设施的全面升级改造和环城校区的环境建设,进一步改善办学条件,使校园环境更美好,设备设施更完善;做好人才投入保障工作,强化政策保障工作,增加学校对高端人才的吸引力,同时做好信息建设保障工作,实施校园网络基础设施建设和网络信息安全体系建设工程,重点增加对智慧教育建设的投入。最后,加强财力保障,着力增加教育投入,不断提高教学、科研、教辅部门的软硬件水平,完善学校技防物防设施建设,完善校园突发事件应急预案,确保良好教育教学秩序,做好国有资产管理工作,努力提高使用效益,办好教育评估院、宁教培训学校、骏腾出国留学服务中心,不断提高经济效益和社会效益,贯彻开源节流的理念,科学合理地管理各项经费。

总而言之,学校改制转型的规划获得全体教师的认可,离不开学校给教师以合理的表达途径,倾听和引导教师的真实想法,给予教师更多的开放性的表达空间。在改制转型期间,学校通过组织不同对象的座谈会议、调研或设置信箱等方式来了解教师的心声,通过多渠道的表达途径设置,宽口径地听取教师的真实想法,了解教师存有顾虑的原因,以及存在的一些实际困难,并对其进行记录、整理和分析,便于在推进改制转型发展的过程中真正纳入教师的想法与声音,尽可能解决困难,消除顾虑,使全体教师紧紧凝聚在一起,形成推动改制转型发展的合力。

第五章 学校改制转型后的探索及阶段发展成就

借鉴组织转型理论(organization transformation)的观点,组织转型是范式转换与认知转换的结合,是全方位且彻底的变革,包括管理观念、思想层面、价值体系等方面,基于现实状况并从长远出发,对组织战略结构、发展方式和运行机制的重新设定。学校作为一种社会组织,其发展必然要符合一般社会组织的运行规律。学校的组成要素包括办学目标、组织原则、教学任务、教学活动等,当学校的这些要素发生变化,如目标由注重学历教育向注重学历和非学历教育转变、教学活动由面授转向线上线下教育相结合等,便会带动学校发生变化。学校转型的目标是寻求最佳发展途径,促使学校朝着更为科学和人性化的方向发展。

第一节 改制转型后的探索

一、科学定位,规划发展新蓝图

学校的科学定位是学校正确选择发展空间和发展方向的重要环节。在改制后的发展中,学校以习近平新时代中国特色社会主义思想和党的十九大精神为指导,贯彻落实《国家职业教育改革实施方案》等相关文件精神,按照高起点、高水平、高质量、有特色的办学要求和应用型、师范性的办学定位,擘画了一系列转型发展新蓝图。

根据办学定位与发展实际,学校在原有"一核两翼"的基础上,确立了扩充"三融四化五高"的发展建设新思路(如图5-1所示)。"三融"即致力于早幼融合、产教融合与职前职后融合,以此培养高素质、高技能人才,提升人才培养的社会适切性。"四化"即推进治理现代化,由内而外激发办学活力;落实专业特色化,着力培养高素质应用型人才;加强办学开放化,扩大学校国际影响力;深化教育信息化,进一步打造智慧校园。"五高"即追求人才培养高质量、师资队伍高素质、社会服务高水平、师范文化高品位、办学条件高标准,加强内涵建设,促进转型发展,为区域经济社会发展做出贡献。争取到2035年,学校办学质量、综合实力、核心竞争力显著提升,人才培养、科学研究等呈现高质量、高水平发展态势,人才队伍更趋合理,更多优秀学者会聚学校,更多卓越人才走向全国,学前教育专业排名进入全国前10%,多个专业排名进入全省前10%,学校整体实力和办学水平进入全国高职高专第一方阵,名列全国幼儿师范高等专科学校前列,建成国内一流、国外有影响的高水平学前教育专业群,全面建成高水平、高质量的卓越师范院校。学校成为浙江省学前教育卓越人才培养的示范基地、优秀幼教文化的传习基地、儿童教育与发展研究中心、智慧幼教协同创新示范中心。

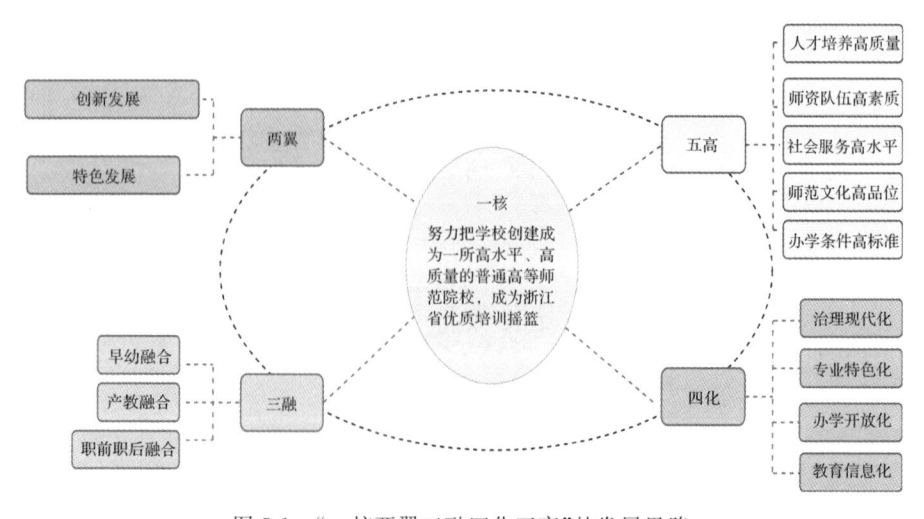

图 5-1 "一核两翼三融四化五高"的发展思路

二、多元共进，明确发展分目标与措施

(一)实施"党建引领"行动计划，高质量引领学校事业发展

以习近平新时代中国特色社会主义思想为统领，按照新时代党的建设总要求，加强党对学校工作的全面领导，完善党委领导下的校长负责制，形成更为完善的党建工作体制机制，校院两级领导班子、干部队伍和基层党组织战斗力明显增强，党员干部和师生员工的思想政治理论素养明显提升，党风廉政建设取得明显成效。到2025年，争创省市党建项目2个，培育具有较强示范辐射作用的省市级党建先进典型案例3—4个，建成市级以上文明单位。

1. 培根铸魂，提升思想引领力

持续深化主题教育长效机制建设。健全"四大机制"[①]，做实"八大举措"[②]，把主题教育作为加强党的建设的永恒课题，作为全体党员干部的终身课题，不断提高政治站位、拓宽办学视野，坚持社会主义办学方向，确保教育改革发展目标落到实处。贯彻落实习近平总书记重要指示批示精神和党中央重大决策部署。推进"三进四史五育"项目。推动习近平新时代中国特色社会主义思想"进教材进课堂进头脑"；加强"四史教育"[③]，不断厚植爱国情怀；落实"五育并举"，构建德智体美劳全面培养的教育体系。优化思政工作体系。构建全员育人、全程育人、全方位育人新格局，实施综合素质提升计划、文明修身行动计划、劳动教育行动计划。全面落

[①] "四大机制"："教学研"学习教育机制、"项目化"调查研究机制、"清单式"检视问题机制、"零欠账"整改落实机制。

[②] "八大举措"：完善细化两级理论学习中心组学习制度；研究制定教职工政治理论学习制度，固化每月双周五下午政治理论学习时间；校级领导班子成员、各学院(部门)至少认领1项调研课题；建立健全校、院党员领导干部"六个一"制度；建立"一负一正"机制；深化"四亮四显"工程；年度重要项目和重点工作督查督办；完善细化学院部门绩效考核制度。

[③] "四史教育"：党史、新中国史、改革开放史、社会主义发展史教育的统称。

实大学生及教师的思想政治工作,推动落实落地意识形态工作责任制,并深化文明单位创建项目。

2. 聚核守正,提升政治领导力

推进学校党委、党总支、党支部三级联动政治责任链建设,健全二级学院管理运行机制,推动开展"抓院促系、整校建强"工程及"四个融合"行动,进一步落实推进二级党组织领导下的院长负责制试点工作取得实效、形成示范。全面落实意识形态工作的政治责任、领导责任,健全"五个一"①工作机制,规范与加强"四大阵地"②管理,牢牢掌握意识形态工作的领导权和主动权。完善校园安全管理综合治理体系,高质量高水平打造平安校园。统筹谋划领导班子和干部队伍建设,着力建设一支"忠诚、干净、担当"的干部队伍。推进"清廉宁师"建设,严格落实全面从严治党主体责任、监督责任,在全市教育系统清廉建设中走在前列。

3. 提质创优,提升组织战斗力

实施基层党组织"对标争先"建设计划,建立党建工作内部质量保障体系;持续推进"党建+"工作模式,探索"361度"党建工作法,实现党建工作全覆盖。持续推进"4466"③党建特色创新项目和全国高校党建工作样板支部培育创建,按照"六有"④标准大力培育,建成一批可复制推广、有较大影响力的党建品牌。实施党员干部队伍"素质能力"提升计划,将党务工作队伍建设纳入学校人才队伍建设总体规划,实施党务干部"领雁计划"和教师党支部书记"双带头人培育计划"。实施融合式"党建带群建"计划,注重发挥工会、团委、妇联等群团组织的桥梁和纽带作用。

---

① "五个一":一个核心、一支队伍、一种声音、一份预案、一项行动。
② "四大阵地":理论、网络、文化、宣传。
③ "4466"是指"四亮四显"工程和"六讲六型"班子(讲政治、讲学习、讲担当、讲改革、讲和善、讲廉洁;亲民型、学习型、实干型、创新型、协作型、清廉型);领导干部"六个一"联系制度(每人至少联系1个支部或党派团体、1名高层次人才、1—2个学生寝室、1所五年一贯制学校、1家县市区合作单位,每年至少上1次党课)。
④ "六有":有坚强有力的领导班子、有本领过硬的骨干队伍、有严格规范的组织生活、有功能实用的党建阵地、有健全完善的制度机制、有群众满意的工作业绩。

（二）实施"两双发展"行动计划，高水平推进专业学科发展

坚持应用型、师范性的办学定位，建一流学前教育专业（群），创一流教师教育品牌，加快推进高水平院校和高水平专业群建设，为全面建成高水平高质量的卓越师范院校打下坚实基础。到2025年，全日制在校生总规模8000人以上，招生专业稳定在17个左右，建成省级以上高水平专业群1—2个，建成专业群教学资源库1—2个。培养培训中小学（幼儿园）教师队伍卓越领军人物50名，开发教师教育精品课程（项目）20门，建设培训实践基地50个，重点打造在省内外有一定影响力的名师、名校长、名班主任工作室50个。

1. 建设"多群一链"[①]，打造高水平专业群

推进高水平专业群"分层分类"建设项目。在重点建设学前教育高水平专业群基础上，新培育1—2个省级高水平专业群，支撑学校成为省高水平院校。对照幼儿园教师专业标准、教师教育课程标准和学前教育专业认证标准，稳步推进学前教育专业认证工作。试点开展本科专业人才培养项目。做优做强学前教育专业，争取新增小学教育等专业，主动对接相关本科院校，力促学前教育、小学教育等专业获得本科以上人才培养资格。全力推进基础教育教师培养培训一体化，提升服务基础教育专业建设水平。改造升级传统专业，试点建设新文科专业，培养高素质的应用型人才，为本科教育奠定坚实的基础。

2. 注重品牌创建，建设一流教师教育基地

建立"上靠中拓下联"长效机制，依托学校中国教育干部网络学院宁波学习中心、教育部民族教育发展中心长三角地区民族教育协作重点研究基地等高端平台资源，全面提升品牌项目建设质量；积极参与国培项目开发，参与承办国家级大型会议。牵头成立教育培训集团，协同推进新时代培训工作。实施新时代教育家型校长（园长）培养计划，高质量打造从

[①] "多群一链"：学前教育专业群、艺体教育专业群、现代服务业类专业群等多个专业群；儿童成长服务相关产品产业链。

宁波市名校长、教育管理名家到甬派教育家的培养序列。实施新时代卓越教师培养计划,全面推进宁波市新时代中小学(幼儿园)新锐教师夯基启航工程、名师骨干拔节扬帆工程、甬城教育名家人才培养工程。全面推进第二轮乡村教师专业发展支持计划。实施智慧培训平台建设计划,建设宁波教育学院云校,开发本土化的培训网络资源。实施培训成果推广计划,推动名优教师、校(园)长著书立说。搭建长三角"未来学校"论坛、"宁波教育学院'师·说'"论坛、"班主任茶座",出版名优教师校长教育思想丛书,提升教师教育的全国影响力。

3. 坚持评价引领,促进"两双"发展

依据全日制高校办学要求,科学研制"双一流"指标,构建多元、综合的指标体系。对照省"双高"建设目标与任务,实施动态监测与评估,为省"双高"建设提供内部质量保证。推进战略导向型绩效评价模式实施,针对二级学院(部门)、重点项目、教师个人等不同层面,整合形成多层次协同的绩效评价体系。重点优化二级学院(部门)绩效评价指标体系和绩效考核管理办法,形成宁波市高校可复制可借鉴可推广的试点经验。推进基础教育评估体系建设,以市级评估项目为根本,拓展区县级评估项目和市外评估项目。

(三)实施"质量创优"行动计划,高水准打造人才培养基地

以质量提升为核心,提高办学水平和办学实力,增强学校核心竞争力;以改革创新为动力,以人才培养为出发点和落脚点,深化改革、优化结构、提高质量,建立人才培养质量保障机制,不断实现创新发展、特色发展、内涵发展、科学发展。到2025年,力争实现省级以上教学成果奖有突破,国家级奖项有突破,师范生技能比赛成绩有提升。编写规划教材3—5部,在国家级精品课程、教学资源库建设等方面有新突破。稳步提升生源质量、毕业生就业质量。

1. 强化内涵建设,培养卓越创新人才

聚焦行业产业需求变化和专业群内涵建设,建立专业群动态调整机制。扎实推进人才培养方案改革,建设专业群"平台+方向+模块"课程体系。持续推进"1+X"证书制度试点,进一步提高相关专业获得"X"证书考试通过率。推动第三期实训室建设,积极申报省级实训基地。推行多元化人才培养计划,办好学前教育卓越班和学前教育国际班。充分发挥"集 & 创空间"作用,推进"专创融合改革",力争省市大学生创新创业参赛成绩实现新突破。加强课堂教学改革,打造"宁师金课",培育课程思政"种子课程"和"种子教师"。加强学业评价改革,探索研制学习成效的评估方法和评分标准。

2. 强化质量保障,提升教育教学水平

完善目标与过程管理机制,建立理实一体化教学、"三习"[①]实践教学、毕业设计(论文)、考试考核等主要环节的质量标准和校院两级管理标准。推进教学质量保障体系建设项目,建立完善的教学质量诊断—反馈—改进工作过程机制。推进教学质量监控体系建设项目,建立技能抽查、实习报告等随机性检查制度,建立健全质量报告发布制度,建立常规、重点、专项三位一体教学督导体系,全面提升教学管理水平。

3. 强化机制创新,提升人才培养绩效

推进"三全"培养模式改革项目,开发新时代卓越幼师培养的师德养成教育课程体系。建立"教、学、研、训、赛、考"一体的专业人才培养机制,增强职前培养与职后培训相互衔接的融合度。探索长学制人才培养机制,系统设计人才培养方案和课程体系;探索与本科院校的合作,力争实现高职与本科教育的衔接,构建中职、高职、本科完整的教育体系。贯彻落实立德树人根本任务,统筹推进思政课程与课程思政建设。加强创新创业教育,完善德育评价,加强学生体育评价,改善体育运动基础设施,加强美育工作,推动美术课堂教学与社会实践、校园文化建设深度融合,加强劳动教育,把劳动教育纳入人才培养方案,设定劳动教育学时学分。

(四)实施"人才强校"行动计划,高标准推进师资队伍建设

把人才作为学校发展战略的第一资源,坚持人才资源优先开发、人才

---

① "三习":见习、实习、研习。

结构优先调整、人才投资优先保证、人才制度优先创新,努力构建一支师德高尚、技艺精湛、专兼结合、充满活力的高素质专业化创新型教师队伍。到2025年,专任教师人数占比75%以上,生师比19∶1,教师高级职称比例≥30%,具有硕士以上学历(学位)教师比例达到80%,"双师"素质专任教师占比90%以上,拥有博士学位教师占比10%以上。柔性引进教授专家,创建市级、校级名师工作室,争取更多人员入选市级以上高级别人才项目,在培养省级教学名师方面有突破。

1.厚德塑魂,深化师德师风建设

落实新时代高校教师职业行为准则,探索建立师德师风建设长效机制。建立师德师风负面清单制度,健全师德师风一票否决制,将师德考核纳入年度考核和聘期考核。利用景行讲堂、寒暑假全员培训等平台,开展典型人物事迹宣讲,注重以典型人物爱岗敬业投身师范教育的情怀。完善师德荣誉项目,出台学校荣誉称号设置与评选管理办法。实行师德培训学分制,将师德、政治素养纳入教师培训课程的必修模块,融入教师评价标准。

2.引才聚智,打造高层次人才基地

着力实施名师名家"舵手"计划、领军人才"领航"计划、专业带头人"引航"计划和青年教师"通航"计划,创建一批高水平结构化教师教学创新团队,做精各级名师名家工作室,在博士引培人数、正高职称人数上实现持续增长,在入选省人才工程、省教学名师上实现突破。畅通校外高水平人才助教渠道,拓宽高技能人才、高层次紧缺人才从教、助教渠道,推动形成"固定岗+流动岗"、"双师"结构与"双师"素质兼顾的专业教学团队。建立"全员引才""以才引才"模式,落实二级学院在人才引进、教师队伍建设中的责任。构建校校(园)、校企双向聘用机制,实现百名教师和行(企、园)专家双向交流。畅通校外高水平人才渠道,聘请幼儿园名特优、名园长等优秀教师。输送本校教师进附属幼儿园、基层幼儿园实践锻炼。

3.培优赋能,建设卓越师资队伍

健全专业教师培育机制,推进校校(园)、校企共建省级职业院校"双师型"教师培训基地建设。改革完善教师考核评价体系,克服"五唯"倾向,建立多元评价指标,完善代表性成果评价制度。高质量建设教师发展中心,实施新教师培训"雏鹰计划",提高青年教师助讲培训的质量;实施X证书师资培训计划,对接"1+X"证书试点需求,将X证书师资培训纳入5年一周期的全员轮训内容;实施教师生涯进阶计划,构建教师入职培训和在职研修的项目体系,开发精品培训项目。

(五)实施"科研兴校"行动计划,高能级推动创新能力提增

坚持科研与学校中心工作相结合的原则,实施科研兴校战略,进一步激发教师科研积极性和主动性,进一步规范科研管理工作。项目立项、科研获奖、成果数量和质量不断提升,科研成果转化能力不断增强,科研学术组织建设、科研学术平台建设不断取得突破。到2025年,省级以上科研平台有突破;力争在获批国家级科研项目、省部级科研项目上有新突破,横向科研项目增长5%—10%;高水平论文发表和著作出版增长5%—10%;市级以上决策建议稿、获批专利稳步增长,实现省级以上科研获奖突破。

1. 打造科研团队,激活学术组织新动力

推进科研学术组织负责人"培植发展"项目,强化青年教师科研指导,针对高级别课题开展专题培训。探索建立青年教师服务联络机制,定期组织青年教师开展学术交流活动。支持科研一线的青年教师参与具有影响力的国际国内学术会议。支持青年教师在学前教育等领域开展原创性研究工作。推进科研学术组织团队"扎根传代"项目,跨学科组建科研学术组织。健全科研学术组织制度建设,共享科研资源,互通科研信息,联合科研攻关。推进"智囊团队"打造项目,以解决区域经济建设、社会发展、教育发展等方面的重大决策问题和关键技术为突破口,突出"儿童研究"特色,开展战略性、前瞻性、系统性研究,逐步培养并形成一批参与地方经济、社会发展重大决策的智囊团队。

2. 创优科研项目,实现高端项目新突破

推进科研项目生成"内生培育"项目。结合学校重点研究方向指南,

依托儿童研究院、长三角地区民族教育协作重点研究基地等高端协同创新平台,广辟立项渠道,加强学前教育、民族教育、基础教育、职业教育、跨文化教育等领域研究。推进科研项目申报"对点添翼"项目。根据学科方向帮助教师邀请校内外指导专家,对重大基金项目申请实行一对一全过程指导,提高申报教师科研水平。推进科研项目支持"财策共济"项目。进一步加大对高级别课题的激励力度。积极争取国家、省、市财政科研项目资金,鼓励行业企业和社会各界在学校设立科研基金。加强和规范科研及社会服务经费管理。

3. 凝练科研成果,促进高端成果新提增

推进"科研促品牌提升"项目。突出学校特色,强化应用研究,争创品牌;提升学报学术质量,凸显学前教育研究特色,高质量推动学校科研成果的物化与传播。推进科研成果"专项培育"项目。对高水平著作、论文等成果加大资助力度,坚持对重大、重点项目实施全程的成果跟踪管理服务。推进产学研"协同育果"项目的建设。鼓励与校(园)行企合作组建科研创新团队,以专利、新产品等为重要抓手,主动与企业对接,助推专利、新产品的应用与推广。

(六)实施"文化立校"行动计划,高品位打造文化育人环境

充分发挥校园文化的先进性作用,增强社会主义核心价值体系对校园文化的引领,弘扬主旋律,突出高品位,努力建设富有时代特征和学校特色的校园文化,不断满足社会和师生日益增长的精神文化需求。到2025年,完成杭州湾校区"鹿鸣""德润"等十大环境文化景观以及宁波校区卓越培训文化提升项目的建设,形成以师范文化为核心的"三品"文化,形成以景行讲堂为核心的浓厚学术文化,建成浙东蒙学文化研究中心。

1. 建设美丽校园,打造宁师特色文化

推进两校区物质文化打造项目。围绕学校师范特色,在杭州湾校区重点打造"鹿鸣""德润""师爱""鹤琴""雪门""阳明""贤江""行知""桃园""李园"等十大环境文化景观项目;围绕"创一流教师教育品牌"建设目标,提升宁波校区卓越培训文化建设项目。推进精神文化引领项目。抓好新

生入学第一课,深化"厚德润艺为师立范"校训教育和校史教育。弘扬中华优秀传统文化,开展国学经典诵读,研习教育文化、童蒙文化。进一步丰富景行讲座的内涵,打造景行讲堂的品牌。全面推进校风、教风、学风建设,努力建成学校有品位、教师有品性、学生有品质的"三品"校园文化。推进"书香宁师"建设项目。把"芳菲四月·悦读春天"读书系列活动打造成为精品项目。推进"绿色学校"创建项目。积极开展生态文明教育渗透式教学,有序推进新建绿色建筑和对既有建筑绿色化改造,逐步完善学校绿色环保、节能减排、循环利用的硬件基础,建立健全绿色管理制度,巩固文明校园创建成果。

2. 注重推广宣传,彰显学校办学特色

紧紧围绕时代主题,传承学校历史文化,总结、凝练、推广十大校园文化特色品牌,围绕师范文化和名家文化,积极打造特色鲜明、丰富多样的校园活动文化。扩大品牌影响力,提高在国家、省级外宣媒体平台的稿件数量。牢牢把握网络文化建设主动权,使网络成为校园文化建设新高地。加快构建学校各学院(部门)融为一体、合而为一的全媒体格局,实现宣传效果的最大化,全方位展示学校形象,扩大学校影响力。

(七)实施"融合发展"行动计划,高层次构筑协同育人"全链条"

坚持融合发展,深入推进早幼教专业融合,构建"托幼一体"课程体系,增强学前教育专业群的统摄机制,提升学生岗位胜任力;进一步推进政校(园)行企协同创新,深化产教一体化,形成多元主体协同创新育人新模式;强化职前职后融通,着力构建学生全生涯发展的培养体系。到2025年,建成3个市级以上高水平专业化产教融合育人基地,打造6个以上省级产学合作协同育人项目;全面建成职前职后融通的专家库、课程库、实践基地。

1. 推进"早幼融合",提升学生岗位胜任力

构建"托幼一体"课程体系。注重婴幼儿心理特点和专业标准维度的融合,开发面向"大学前"的贯通性专业公共课。深化课程改革,推进课证融通,与托幼机构合作,开发实践性课程,提升学生岗位胜任力。建立专

业资源共享机制。依托学前教育等数字化专业资源库,在课程资源、1+X证书、技能大赛等方面共享专业资源,提高学生就业率和就业满意度。

2. 推进"产教融合",提升协同育人支撑力

积极争取政府支持,共建学前教育资源体系,深化产教一体化,形成政校园企协同创新育人新模式,为幼儿园提供数据服务。以学前教育产业的技术技能积累为纽带,与政校(园)行企重点开展人才培养、技术服务、产品研发、工艺开发等活动,鼓励创新和申请专利。共同研制符合"未来幼儿园"特点的学前教育课程、保育员培育、学前教育专业建设的标准体系。积极牵头或参与省级行业产教融合共同体、市域产教联合体和县域产业学院三类新型平台建设。聚焦"一老一小",牵头建设浙江学前教育人才培养合作联盟;对接产业链,重点在新媒体、儿童成长服务等领域,牵头建设县域产业学院。

3. 推进"职前职后融合",提升学生专业发展力

科学设计职前职后一体化课程,实现职前3年培育的人才具备幼儿园教师的合格资质,毕业后通过职后课程培训学习,实现"3年合格,7年骨干,10年名优"的生涯发展目标。通过与附属实验幼儿园、教师发展学校、校内外实习实训基地等合作,在教学、科研、管理等方面以"职前学校培养、幼儿园实践,职后学校培训、幼儿园发展"的策略开展职前职后一体化的培养培训。探索继续教育和社会培训新路径,面向在职员工、退役军人、转岗人员、城镇化进程中的新市民等社会群体开展多种形式的继续教育。积极参与老年教育,大力推进景新老年大学建设。牵头组建托育联盟、托育学院。推进宁波托育学院的建设,组建"托育联盟",开展相关专业(早教、幼儿教育等)学历及职业技能证书培训。

(八)实施"智慧赋能"行动计划,高标准引领未来教育"新形态"

加快推进数字化改革,促进学校师生工作学习的全面智能化。到2025年,基本建成适应浙江省全面数字化改革、符合教育部《高等学校数字校园建设规范(试行)》要求的"数字宁师",浙江省智慧校园评估综合水平进入全省前15名,学校信息化实力及主要指标达到本科水平。

1.建设智慧校园,形成智慧宁师全场景

全面推进信息化软硬件升级,全校重要信息系统全部完成等级保护二级测评工作。升级学校核心网络,搭建光纤+WLAN+5G相互融合的新型网络基础设施。健全校园能耗管控机制,构建能耗管理模型,降低学校综合运行成本。借助虚拟仿真、数字孪生以及全息投影等信息技术,搭建专业数字化技能教室、虚拟仿真实训环境与实训基地,与上海师范大学合作共建一批分布式虚拟仿真教育场景应用。推进课堂环境建设、课堂教学实施、课堂管理评价一体化的现代化课堂建设。充分发挥"宁教慧师"作用,建设宁波教师教育云校。依托信息技术,为宁波基础教育教师打造一个移动互联网学校。

2.推进智慧治理,实现学校数据全覆盖

依托学校智慧校园建设架构与基础,形成统一的校园综合治理呈现、统一的信息系统管理控制、全面的数据感知和数据智能。推进"最多跑一次"深化改革项目。依托宁师大脑中大数据与人工智能服务,智能识别师生的需求和关注点,智能匹配和推送服务。加速拓展人工智能自然语言交互的智能自助式校级客服体系,实现"一句话办事"。构建"五纵五横一平台"的质量体系架构,全面实现基于诊断与改进的学校内部质量管理。充分整合学校儿童研究院、学前教育专业、校园数据治理经验以及教育评估、师干训等多方优势,为各级教育行政机构提供整套学前教育大数据服务。完成大数据中心1+3建设工作,即建成一个学前教育大数据平台、一套学前数据标准体系、一套数据共享开放体系、一套数据应用服务体系。

(九)实施"高能级合作"行动计划,高起点打造国际教育"示范地"

坚持开放合作,稳步提升中外合作办学能力,不断加大国(境)外智力引进力度,不断加深教师教育双向国际化进程,进一步营造校园国际化氛围,稳步推进学校整体的国际化办学进程,构建更大范围、更高水平、更深层次的教育对外开放新格局。到2025年,打造1—2个中外合作办学项目,开发不少于6项与国(境)外高校或优秀教育机构的合作项目。

1. 开展东南亚丝路教育，输送学前教育培训"宁波方案"

打造东南亚学前教育研训中心，通过远程直播授课、组织线上交流研讨、组织东南亚国家幼儿园园长、教师来甬到园所实地考察等方式，提升东南亚国家学员的职业素养。推进"中泰丝路教育"国际合作项目，搭建中泰丝路国际教育资源平台，共建合作组织与运作体系。

2. 开展中东欧艺术教育与研究，打造艺术教育"宁师名片"

依托学校中东欧艺术教育与合作研究中心，定期发布课题指南、组织召开学术沙龙，向上级部门提交学术论文、决策建议稿等研究成果，提升理论研究实效。依托学校中东欧艺术教育交流中心平台，加强同境外高校在音乐艺术教育领域的文化交流、人才培养、师资培训，开展音乐艺术教育领域互访。

3. 打造"世界课堂"，拓展"国际交流新领域"

与韩国东明大学等国(境)外高水平教育机构合作，共同培养学前教育、早期教育等领域的国际化人才。建立教师教育双向国际化平台，通过师资互派、交换等方式联合培养一批具有国际视野的文化教育人才。实施专业教师学历提升或高端访学项目，积极助推教师攻读国(境)外高校博士学位，选派一批专业带头人和骨干教师出国研修访学。加强与海外高校和机构的联系与合作，通过交换生、海外实习、短期文化交流等项目，拓展学生的海外经历；吸引共建"一带一路"国家学生来华交流交换学习。选聘优秀外籍文教专家，不断增加全外语课程和双语课程数量，助力学校国际化水平的提升。

第二节 改制转型后取得的阶段性成就

宁波幼儿师范高等专科学校自 2019 年 5 月顺利改制以来，以习近平新时代中国特色社会主义思想为指导，以改制、转型、发展为主题，以建设

"两双"["即"建一流学前教育专业（群），创一流教师教育品牌"]为中心任务，以建设高水平、高质量卓越师范院校为目标，在党委的坚强领导下，遵循新时代党的教育方针，坚持立德树人根本任务，坚持人才培养的中心地位，坚持应用型、师范性的办学特色，大力推进内部治理改革，着力推进办学内涵建设，有力推进全面融合发展，切实提升学校办学竞争力，取得了一系列的办学成绩。

一、学校事业发展屡获突破

学校不断改革创新，开拓进取，事业发展取得突破性进展：改制以来，办学规模不断扩大，全日制学生从1500人左右增长到2022年的5000余人；专业数量从5个扩大到了13个；招生规模从每年500人扩展到2022年的2000人左右；五年制合作学校从5所拓展到17所，从市内到覆盖全省9个地市；"幼儿师范高专改制转型迎来'弯道超车'拐点"被评为首届宁波市教育改革创新典型案例。在武书连中国大学排名中，学校连续两年进入全国幼专第一方阵。2019年以来，学校在宁波市教育局开展的宁波高校办学绩效考核评比中，连续三年名列前茅，学校的办学成果和发展进度得到考评专家的高度肯定。学校在宁波市委对市管领导班子2019年度考核及疫情防控和复工复产一线考核中获评优秀。学校自主研究制定了《学校"双一流"建设指标体系》，确保以更科学的指标体系和更规范的评价模式助推学校发展。2021年，学校编制发布了《宁波幼儿师范高等专科学校"十四五"事业发展规划》和7项专项规划、5项分规划，明确未来5年乃至15年的办学方向、目标和任务，为学校高质量发展奠定基础。

（一）高质量党建引领学校事业发展

1. 干部结构进一步优化

改制转型后，学校完成新一轮中层干部换届工作，中层正职干部平均年龄从52.33岁降到46.85岁，中层副职干部平均年龄从47.33岁降到

43.85岁,35岁及以下中层干部实现了零的突破;硕士以上学位干部占比从38.3%增长到63.46%。

2.基层党组织建设成效显著

学校认真贯彻落实党的十九大以来历届中央全会精神,扎实推进主题教育、党史学习教育等工作,顺利开展建党100周年系列活动,通过校地企联动,组建"前湾潮"宣讲团("鹿鸣"宣讲团),推动党的创新理论进校园、企业、村社。10余项红色作品在省级以上高层次竞赛平台获奖,其中"家书暖红村——横坎头村振兴发展之路"项目荣获"挑战杯"全国大学生课外学术科技作品竞赛红色专项活动一等奖。全面实施党建"四亮四显"工程,不断强化"一支部一品牌"的创建工作,推动党建"双创"出成果出实效。2019年度,学校党委被评定为宁波市五星级党组织。2021年度,在浙江省督导评估中,学校党建项目排名为在甬高校单项最高分、全省高职高专院校前三分之一;7个基层党组织被认定为市级以上培育创建单位,其中2个教师党支部为"全国党建工作样板支部"创建单位,1个教师党支部入选全省高校"双带头人"教师党支部书记工作室建设名单。2022年,学校首次荣获宁波市离退休干部党支部积分制管理工作标兵单位,是唯一入选的在甬高校。

(二)内部治理体系日益完善

学校根据全日制普通高校的办学规律和治理要求,全面完善了"党委领导、校长负责、教授治学、民主管理"的内部治理体系。改制以来,新修订的《宁波幼儿师范高等专科学校章程》通过浙江省教育厅核准,并先后制修订了200余份规章,有力保障了学校依法办学,遵章管理。2020年,学校完成了新一轮机构设置和院系设置调整,积极推进校院两级管理体制改革,全面构建完成符合全日制高校特点、具有宁师特色的内部治理结构。创新性地建立"五维一体"考核体系,进一步激发教职工认真履职的积极性、主动性和创造性。全面推进数字化改革,不断推进数据治理体系建设,全面打造"1442"①数字化改革架构,建成了宁波市高校首个数据分析与决策综合平台——"宁师大脑",搭建了全校办事"一站式"网上服务大厅——宁师E办,上线了"宁师小鹿""数字宁师"等掌上服务窗口,实施了"最多填一次"改革工作,推动各类校务服务实现"掌上办、随时办、方便办"。截至2023年,学校上线各类师生服务项目近200个,月均服务10万—12万人次,人均20余次/月。学校入选教育部职业院校数字校园建设试点名单,被列为浙江省教育厅首批数字化改革创新试点、浙江省教育厅职业教育数字化标杆学校,多次荣获"浙江省信息化建设先进单位",在2023年全省教育技术大会上做典型发言。

(三)人才培养绩效显著提升

1.实践基地建设成效显著

学校与幼儿园共建了24所省级教师发展学校,在参加省级评估的首批13所教师发展学校中,有8所以"优秀"成绩通过省级评估、3所以"良好"成绩通过省级评估,其中优秀等级的教师发展学校数量在全省高职高专院校中位居第二,全市高职高专院校中位居第一。

2.人才培养质量不断提高

学校坚持课赛融通、课证融通、课创融通,不断提高学生的综合素养与专业能力。自改制以来,学生在省级以上各类技能竞赛平台获奖300余人次,其中近200人次获省级以上第一、二等奖。2022年、2023年学前教育专业学生连续两年获得代表浙江队参加全国职业技能大赛的资格(如表5-1所示)。招生、就业工作稳步提升,近年来,学校毕业生就业的专业就业相关度、职业稳定度、人才培养质量等多个指标呈大幅上升态势,尤其是学前教育专业学生,有超过五分之一的毕业生通过事业编制考试,近15%取得县(市)区考编前三名。学校专升本升学率连年攀高,

---

① 1——构建一个校园大脑,即宁师大脑;4——创新四大场景应用,即教学科研场景、校务服务场景、综合管理场景、教师培训场景;4——推进四大领域建设,即基础设施建设、应用系统建设、治理能力提升、云上宁师建议;2——完善两大支撑体系,即机制体制建设、科研理论研究。

2021年,学校被认定为武书连全国高职高专毕业生升本率A++等级,全国排名第19位。在招生方面,一段线录取率达到100%的专业连年递增,多个专业录取分数屡创新高。

表5-1　2018—2023年学生省级以上竞赛主要获奖情况(部分)

序号	奖项	授奖部门
1	2022年全国职业院校技能大赛(高职组)学前教育专业教育技能大赛三等奖	教育部等
2	2023年长三角师范生教学基本功大赛一等奖	安徽省教育厅、浙江省教育厅等
3	2023年浙江省"挑战杯"大学生课外学术科技作品竞赛红色专项赛金奖	共青团浙江省委、浙江省教育厅等
4	2023年全国职业院校婴幼儿托育服务与管理专业保教技能竞赛团体一等奖	中国优生优育协会等
5	2023年全国数字艺术设计大赛一等奖	中国电子视像行业协会等
6	2019—2022年浙江省大学生中华经典诵读竞赛个人一等奖8项	浙江省教育厅
7	2022年浙江省师范类大学生教育创新创业大赛金奖	浙江省教育厅
8	2020年浙江省大学生职业生涯规划大赛一等奖	浙江省教育厅
9	2019年浙江省大学生电子商务大赛创业创新精英赛一等奖	浙江省教育厅
10	2018—2019年浙江省师范生教学技能大赛一等奖2项	浙江省教育厅

3. 创新创业不断增强

学校积极推进学生"双创"工作,建成1100平方米的学生创新创业教育中心——"集&创空间",启用学校文创中心,现有23位校内创新创业指导老师,19位校外创新创业指导老师,17个校外创新创业基地。与相关魔术企业、行业协会合作,成立国内首个高校"儿童魔术教育与研发中心",与杭州湾新区联合成立了"杭州湾湿地(生态)研学中心",学校儿童教育与研发中心的"儿童魔术教育课程研发与师资协同培养"项目为浙江省"十三五"省级产学合作协同育人立项,学校荣获"全国高职高专创新创业教育先进单位"。进一步升级专创融合实践平台,学生荣获多项市级以上创新创业大赛奖项,具体如表 5-2 所示。

表 5-2 近五年学生市级以上创新创业竞赛主要获奖情况(部分)

序号	奖项名称	授奖部门
1	2022 年首届浙江省师范生创新创业大赛金、银、铜三个奖项(学校是唯一一所获得优秀组织奖的高职院校)	浙江省教育厅
2	浙江省第十三届"挑战杯"建设银行大学生创业计划竞赛铜奖	共青团浙江省委、浙江省教育厅等
3	浙江省第四届大学生体育产业创新创业大赛二等奖	浙江省体育局、浙江省教育厅等
4	2021 年第十三届省大学生职业生涯规划大赛一等奖	浙江省教育厅
5	第九届浙江省"互联网+"大学生创新创业大赛铜奖	浙江省教育厅
6	宁波市第二届"甬振兴"创新创业大赛二等奖	宁波市教育局
7	宁波市"创城杯"电商直播大赛特等奖	宁波市教育局
8	2024 年"建行杯"浙江省国际大学生创新大赛银奖	浙江省教育厅等

(四)科研合作水平持续提高

1.科研水平持续提升

学校坚持科研强校战略,不断夯实科研工作基础,获批 4 个市社科基地,拓展 4 项高级别科研项目申报渠道,新建 23 个科研学术组织。与改制前相比,学校厅级以上课题立项数增加了 50% 以上,成果采纳数增长 80% 以上,纵向科研经费增长 5 倍,横向科研项目经费增加近 100 万元,科研成果获奖数量增长 2 倍,核心期刊文章发表数量增长 2 倍,师生取得专利数量连年增长。

2.高层次科研平台绩效突出

儿童研究院积极服务宁波儿童友好城市建设,成为浙江省政府妇女儿童智库专家单位中唯一的高职高专类单位。儿童研究院全面参与教育部未来学校建设相关重大项目,参与《"未来路线图"实验学校发展指南 1.0》(以下简称《指南》)起草工作,学校专家在《指南》发布会上做典型发言;通过教育部规建中心立项课题44项,形成决策咨询报告4篇,其中报送教育部2篇、向社会发布1篇、受市教育局委托1篇。多项研究成果登上"学习强国"、《中国教育报》等国家级主流媒体平台,引起社会热烈反响。

3. 学报影响力持续扩大

《宁波教育学院学报》办刊质量和学术影响力不断提升,学报复合影响因子在宁波市高职高专学报中排名第一,首次入选"RCCSE中国核心学术期刊",连续三年荣获"全国教育院校优秀期刊",办刊质量获浙江省委宣传部《出版阅评》肯定。

(五)重大民生培训项目全面推动

首次成功申报中小学幼儿园教师国家级培训项目(简称"国培")——"教育部—移动中西部中小学校长培训班",协助国家教育行政学院办班3个,培训210人次。首次承担教育部民族教育发展中心的"民族地区幼儿园民族文化建设"研究项目,推进藏甬幼教合作。

学校与宁波市退役军人事务局签订联合培养退役军人高技能人才合作协议,着重引导服役2年的退役军人提升学历、参加技能培训。构建开放、普惠的老年教育体系,与宁波市江北区教育局、江北区文教街道共建"宁波景新老年大学",送教送课到社区,为广大老年居民提供更加健全、优质的服务。稳步推进托育学院(托育协会)建设工作,牵头召开"十四五"托育事业发展研讨会。

(六)师范文化建设特色鲜明

学校在确定"厚德润艺 为师立范"的新校训后,全方位打造"学校有品位、教师有品性、学生有品质"的"三品"校园文化。借鉴《诗经》名句"呦呦鹿鸣,食野之苹",为学校主河道命名;借鉴"宫商角徵羽"的美好寓意,为校园五桥命名;以学校发展变迁史,为校园道路命名;借鉴古籍名句为各幢教学楼命名;借王阳明、杨贤江、张雪门、陈鹤琴等浙东教育名家,为二级学院命名。这些举措,既彰显了中华优秀传统文化精神,传承了学校师范教育特色,又营造了春风化雨、润物无声的育人环境和氛围。学校还培育和确立了30个校园文化品牌,积极构建颇具师范特色的校园文化活动,如"浸润式"三习成果展示、"师范文化节"等,努力营造和谐文明的校园文化氛围。全面启动浙东蒙学文化研究中心、宁波籍幼儿教育(名)家研究中心建设。

二、学校办学影响力显著增强

(一)基础建设水平不断提高

学校持续改善办学条件、优化育人环境,完成杭州湾校区二期工程施工,大剧院、图书馆、体育馆、实训楼等陆续投入使用,完成杭州湾校区学生宿舍楼二期、三期扩建项目建设。学校馆藏纸质图书达到近50万册,年平均新增图书7万册,中外文数据库增至34个。学校安全工作稳扎稳打,被认定为浙江省高校"4A等级平安校园",获评宁波市四星级治安安全单位。美丽校园建设初见成效,学校获批成为第二批宁波市文明校园,顺利完成浙江省绿色学校创建评价验收,高分获评宁波市生活垃圾分类示范学校。档案管理工作稳步推进,学校获评浙江省规范化数字档案室。成立宁波市景行教育发展基金会,为学校建设和发展提供有力经费支持。

(二)生源质量、外部评价逐步提升

2020年,学校普通二段线录取人数比上年增加21.03%,占全校总数的57%,其中学前教育专业录取最低分超过二段线6分,位次号提升了1万名。普通三段线最低录取分为453分,位次号为194746,较上年提高了7分,位次号提高了4553名,生源整体质量保持渐进提升态势。

根据浙江省教育考试院《浙江省高校毕业生职业发展状况及人才培养质量调查报告》,学校2019届毕业生升学率达18.43%,高出全省高职院校(12.68%)近6个百分点;专业相关度为83.59%,高出全省高职院校(66.28%)17个百分点以上;毕业生就业率达96.82%,高出全省高职院校(93.60%)3个百分点以上;用人单位总体满意度为90.15%。

(三)社会服务影响力量质齐升

学校以"创一流教师教育品牌"为目标,秉承"培训铸就品质与卓越"的理念,积极采取"上靠、中拓、下联"的工作对策,大力构建教师培训工作新格局,全面服务宁波市基础教育发展,不断提升宁波教师教育的影响力。2019—2022年,学校开设各级各类培训项目1061项,培训人数近20万人次,高质量推进甬派教育管理名家高研班、卓越教师培养计划、"三名"工程、乡村校长"领雁计划"等重大培训工程任务。连续三年获批成为教育部中小学校长国培项目承办院校,是浙江省唯一获批的高职院校,高质量完成新疆库车市、四川凉山彝族州等地的教育扶贫工作,惠及当地教师300余万人次,首次启动了教育部民教中心数字化教研工作坊,支援完成了"宁师—西幼"智慧教育元空间建设,有效为东西部教育扶持工作提供了宁波智慧和宁波经验,1项培训成果入编浙江省"山海协作工程"典型案例。全面打造宁师培训品牌,新开设"师·说"论坛、"班主任茶座"、"名师课堂"、"师德讲堂"等多个培训特色项目,被《光明日报》、"学习强国"等国家级媒体报道10余次。强化培训成果积累与转化,近三年汇编各类培训成果125项,其中专著21部。注重培训智慧化,"宁教惠师""宁师云校"陆续启用,直播基地、直播舱全面投入使用,教师培训工作条件得到全面提升。学校在2019年被宁波市委、市政府评为新时代教师队伍建设工作先进集体,2022年荣获"浙江省师干训先进集体"荣誉称号。近三年来,教育评估院共完成市内评估项目近百项,培省教师发展学校评审指导、省现代化学校评估、省一级幼儿园预评估等3项品牌评估项目,实现社会效益与经济效益双提升。

(四)教育教学改革持续深化

学校坚持以"双高"建设为抓手,不断提高专业建设水平,全面打造"多群一链"的特色专业体系,学前教育专业群在2020年12月被确定为浙江省高职高水平专业群,学前教育专业"试点开展本科人才培养"被列入市教育事业"十四五"发展规划,学校"全人生指导,全生涯培养、全过程实践"卓越幼师培养模式荣获宁波市高等教育突出教学成果一等奖、浙江省教学成果二等奖,《中国教育报》《浙江教育报》等多家省级以上主流媒体报道学校师范生培养模式。围绕教学质量的提质培优,学校深入推进"三教"改革,全面提升教育教学质量:入选省级精品在线开放课程1门;入围教育部"产教融合校企合作典型案例"1项;入选浙江省高职院校"十四五"重点教材建设项目5部;入选省级职业院校实训实习基地1个;立项省级产学合作协同育人项目4个;1项实践教学平台创新做法登上"学习强国";新增校外实践基地15个,新建实训室14个,获批2项"1+X"职业技能证书考核站点,建成宁波市学前教育装备研究中心;打造融理论性、实践性和前沿性为一体的"景行讲堂",成功举办讲座近600场,受众5万余人次。不断推进课程思政和思政课程建设,改制以来,新增20余个省级课程思政教学项目建设项目,1门思政微课登上"学习强国"平台,1名青年思政教师荣获浙江省高校"形势与政策"课教学能力比赛第一名、特等奖。

(五)教育合作多点发力

学校坚持开放办学、合作办学,积极推进融合发展,促进校地共建和校企合作。改制以来,新拓展校地合作项目49个,新建附属幼儿园3所,与教育部学校规划建设发展中心合作共建全国第二家儿童研究院,与国家教育行政学院合作共建中国教育干部网络学院全国第一家区域学习中心,与教育部民族教育发展中心共建全国第一家长三角地区民族教育协作重点研究基地,与教育部幼儿园园长培训中心共建长三角地区第一个"教学研究基地""实践教学基地",与上海师范大学签约共建卓越教师工作室、研究生培养基地,与浙江师范大学签署学前教育专业本科人才培养合作协议。牵头成立浙江省学前教育人才培养合作联盟,发起成立宁师幼教集团,进一步打造浙江学前教育和学前教育师资高地。国际交流工作稳中有进,新增14项中外合作教育项目,成立宁波—东南亚学前教育研训中心,推动宁波地区和东南亚共建"一带一路"国家学前教育研究、教育改革和教师培训。中泰柬越"研训育"学前教育人才培养项目入选中国教育国际交流协会"中国—东盟高职院校特色合作项目"、浙江省友协国际交流资助项目、市外办宁波市推进城市国际化重点项目,"中国—东盟幼儿教师发展中心浙江分中心"落户学校。

(六)校友影响力与日俱增

学校全日制学前教育专业毕业的 6500 余名校友中,有 50 余名毕业生已成长为幼儿园骨干或市、区优秀教师,20 余名毕业生走上园长岗位。师干训校友影响力不断扩大,已有 69 名成长为浙江省正教授级中学高级教师,175 名成长为浙江省特级教师,599 名成长为宁波市名校长(园长)、名教师。

第六章　成人高校改制转型的"宁波模式"总结

宁波教育学院的改制转型是一个集思广益、久久为功、不懈努力的过程。从规划改制到改制完成，身处变革之中的宁波教育学院在充分认识自身发展的基础上，不断吸纳上级相关部门、行业专家、全体教职工等主体的智慧，将上级部门的顶层设计、行业专家的精准建议、幼儿园的用人需求融为一体并付诸实践，力求自上而下地达成政策要求、办学成果及社会需求的一致性，最终在上级领导的关怀中，全体师生的努力下实现了由成人高校到普通高校的改制转型，也形成了成人高校实现改制转型所特有的"宁波模式"。

历经风雨，沧桑不忘。在全体宁教人艰难探索和艰苦实践下形成的"宁波模式"，不但是宁波教育学院改制转型历程的经验、特点总结，也将是我国成人高校实现改制转型的有效借鉴。

第一节　"宁波模式"的基本内涵

"宁波模式"是对宁波教育学院改制转型历程、经验与特点的总结，其所涵盖的除了普适性的成人高校改制转型策略外，还具备与宁波教育学院自身相符合的独特发展规划与鲜明发展特征，这也是"宁波模式"的基本内涵。

一、独特的发展规划

在改制发展的过程中,宁波教育学院以习近平新时代中国特色社会主义思想为指导,深入贯彻新时代党的教育方针,遵循创新、协调、绿色、开放、共享的发展理念。坚持高起点、高水平、高质量、有特色的办学标准;坚持立德树人根本任务,全面深化教育综合改革,全面推进依法治校,全面提升办学能力;坚持特色发展、内涵发展、错位发展,加强开放办学,集聚优质资源,引领教师发展,服务浙江省教育综合改革与发展,服务区域经济社会发展需要,最终形成了独特的改制转型发展规划,为全国同类院校改制转型提供浙江样本和浙江经验。

(一)发展目标与定位

坚持应用型、师范性的办学定位,以学前教育为核心,逐步打造以师范教育为主体、非师范教育为补充,培养培训一体、教学研训一体的办学格局。立足浙江,服务长三角,贡献"一带一路",建一流学前教育专业,育一流学前教育师资,成为浙江省优质幼师培养摇篮,把学校建设成为一所以培养学前教育师资为主的应用型、师范性普通高等师范院校。

(二)发展思路

学校确立"一核两翼三融四化五高"的办学思路。"一核"是学校总体目标,也是长远目标,即先转后升,努力把学校建设成为一所以培养学前教育师资为主、培养培训一体的高水平、高质量的普通高等师范院校,成为浙江省优质幼师培养摇篮。"两翼"是创新发展、特色发展,创新发展重点在办学体制机制创新、人才培养方式创新、教学手段与策略创新;特色发展重点在专业建设、地方合作、信息技术应用、国际教育交流与合作等方面做到有特色、有亮点。三融是早幼融合、产教融合与职前职后融合。"四化"是治理现代化、专业特色化、办学开放化、教育信息化。"五高"是追求人培养高质量、师资队伍高素质、社会服务高水平、师范文化高品位、办学条件高标准。

(三)发展策略

系统推进"三全两高一大",实施信息化发展战略。通过"实施教育信息化2.0"行动计划,实现"三全两高一大"的发展目标,即教学应用覆盖全体教师、学习应用覆盖全体学生、数字校园建设覆盖全体班级,信息化应用水平和师生信息素养普遍提高,建成"互联网+教育"大平台,推动幼教专用资源建设,实现"弯道超车"式的发展。

整合优化国内外教育资源,实施协同创新战略。引进名校名所名人,加强办学平台和载体建设。与教育部学校规划建设发展中心共建儿童研究院,力争在儿童研究的相关领域打造一支研究实力雄厚、研究特色鲜明、梯队结构合理的专业研究队伍,使该院成为国内儿童研究基地,成为儿童发展研究领域科研成果转化与应用的重要平台。以集团化方式创办附属早期教育中心、幼儿园、小学等,推进"政—校—园—企—行"多元主体合作办学。积极与省内外高校合作,探索专升本联合培养模式;探索五年一贯制融合培养模式;与中职学校协同发展,探索"2+1+2"和"5+1"人才培养模式。

深化"政—校—园—企—行"多方合作,实施幼教湾区战略。学校为实现"幼儿园帅资培养高地、幼儿园领导人才培育重镇、幼儿教育政策发展智库、幼儿园课程测评研发基地"的发展目标,精进"教学、研究、培训、服务"四大任务,搭建产学研训平台,深化多方合作,让杭州湾新区成为幼儿教育人才培养及培训、区域性幼儿教育政策发展的智库。

优化人才培养模式,实施特色发展战略。自2005年起经教育部批准,学校举办普通高职学前教育专业,招收普通高中、职业高中三年制学生,2007年被确定为宁波市重点扶持建设专业,2012年被确定为宁波市重点建设专业。学校将进一步优化人才培养模式,提升学前教育专业核心竞争力,进一步凸显学生"一专多能""学有所长"专业特色,促进学生的个性化发展,落实人的素质与能力培养。

二、鲜明的发展特征

抛开复杂的顶层设计后可以发现,改制转型"宁波模式"独特的发展规划与学校本身所确立的办学定位息息相关。无论如何改制,宁波教育学院始终贯彻"坚持应用型、师范性"的办学定位,将培养以幼儿教师为主的专业化教师作为学校改制转型发展的核心向度。因此,从实践层面而言,"宁波模式"最鲜明的发展特征就是以培养专业教师为旨归的"职前职后一体化"。这也是对成人高校改制转型"宁波模式"最深刻的提炼总结。

(一)职前职后一体化的内涵

职前职后一体化是近十年来我国教师教育领域最为明显的转型,是培养新时代中国特色社会主义教师的大势所趋。职前职后一体化强调在新教师的培养阶段将师范生、职初教师、经验型教师、专家型教师等几个成长阶段串联起来,最终发展成具有"社会影响力、教育话语权、教育情怀和个性影响力"的教育家型教师。

在改制转型过程中,宁波教育学院充分认识到了职前职后一体化的重要性,并在改制转型过程中逐步完善体制机制,在保留原本教师培养能力的基础上,进一步完善措施,增强学校职前职后一体化教师培养建设,最终形成具备鲜明发展特征的"宁波模式"。

(二)"宁波模式"下的职前职后一体化

2018年9月19日,宁波市财政局、宁波市教育局来学校考察,就学校环城校区的保留问题进行讨论,校党委书记作《发挥优势服务地方推进学校全面发展》的汇报,最后决定保留环城校区用于学校作教师培训之用,为学校职前职后一体化人才贯通培养提供了条件。

此后,宁波教育学院改制转型专家评估会全面肯定了学校职前职后一体化的发展特色。宁波市教育局批准在学校改制转型后,宁波市教育行政干部培训中心、宁波市中小学(幼儿园)教师培训中心、宁波市班主任专业发展指导中心、宁波现代教育评估研究院仍设在宁波教育学院,继续履行实施、管理、研究全市中小学、幼儿园教师和教育行政干部的培训与评估有关业务工作,指导和检查中小学、幼儿园教师培训机构的培训工作等职能,并表示会在经费上给予支持:

将宁波教育学院原环城校区保留作为学校开展师干训专用场所。下一步还将采取加强师干训工作组织领导、理顺工作机制、保障培训经费、增强培训力量等措施进一步强化师干训工作。根据工作需要合理安排师干训基地软硬件建设经费,保障市级教师队伍培训专项财政经费额度稳定。在核定学校转制后教职工编制时,我局将积极协调市编委办等部门,充分考虑学校承担师干训工作的职能,力争给予适当倾斜或额外配备,确保师干训工作力量的配置。宁波市教育局将与宁波教育学院共同研究制定进一步强化师干训的系统方案,为学院继续做好师干训工作提供政策支持。(引自 2019 年 1 月 18 日《宁波市教育局关于宁波教育学院转制专家评估会反馈意见落实情况的报告》)

在宁波市教育局的大力支持下,学校着力加强教师教育向一体化迈进的综合改革,注重增强师干训在基础教育领域的话语权。立足服务基础教育改革创新,以引领教师、校长的专业发展,奠基教师、校长的幸福人生为目标,通过完善合作导向的工作新格局,构建实践取向的课程新体系,提高培训机构的专业化水平,打造区域教育发展新名片,统筹实现全市 2500 余名校长和 1300 余名幼儿园园长的多层次优质发展,为造就一支以德为先、育人为本、引领发展、能力为重的校长队伍,成就一批教育家型的学校领导者做出贡献;统筹完成全市 7 万余名中小学、幼儿园教师的分层分类培训提升,为打造一支师德高尚、业务精湛、结构合理、充满活力的中小学教师队伍,成就一批教育家型的教师做出贡献。

(三)职前职后一体化的主要措施

打造"3+X+Y+Z"多学程、递进式学前师资职前职后一体化培养的办学格局。学校依托宁波市幼儿园教师(园长)培训中心,进一步完善职前职后一体化人才培养体系,深化"职前 3 年基础培养""职后 X+Y+Z

年助力发展"多学程、递进式卓越幼儿园教师培养机制。职前期间,学校以张雪门"继续教育"思想为指导,系统谋划学生"3+X+Y+Z"职前职后人才培养方案,设计职前职后一体化课程,遵循教师教育课程标准、幼儿园教师专业标准,把幼儿园教师资格证书、"1+X"证书等内容引入课程,促进书证融通,进一步贯通职前培养与职后培训。职后期间,实施毕业生专业发展跟踪项目,以"专家跟踪指导"计划、"再学习"计划、"宁师学子"提升计划等特色项目,助力毕业生"X"年后成长为合格幼儿园教师、"Y"年后成长为骨干教师、"Z"年后成长为名师。构建幼儿园教师一体化培养培训线上平台,通过全方位、多形式、广覆盖的教师培养与培训渠道,构建"教师—在校学生—在职校友"三位一体的学习共同体,实现职前职后教师发展的无缝对接。

第二节 "宁波模式"形成的核心要素

究竟是什么因素推动宁波教育学院改制转型完成？具有鲜明特色的"宁波模式"又是如何形成的呢？可以肯定的是,"宁波模式"的形成不是单方努力的结果,而是多方要素共同作用下的自然反映。诚如克拉克(Burton Clark)所言,建立创业型大学有五大必备的核心要素:一个强有力的驾驭核心,一个拓宽的发展外围,一个多元化的资助基地,一个激活的学术心脏地带,一个一体化的创业文化。[1] 就宁波教育学院而言,作为一所改制转型中面临事业突破的大学,要成为"站得住脚"的大学,能按自己的主张行事的重要行动者,要形成独具特色的"宁波模式",必定要在领导核心、外部生态、资源支持、内涵建设及文化引领上下真功夫、下足功夫、下实功夫。

---

[1] 克拉克.建立创业型大学:组织上转型的途径[M].王承绪,译.北京:人民教育出版社,2003:307.

一、强有力的领导核心

(一)办学理念

办学理念是关于大学的基本性质、理想模式、目标追求、社会责任等方面的系统思想,是大学主要领导者管理大学的理想、信念、观念和办学的指导思想。持有什么样的办学理念,不仅直接影响到对大学方向、使命及其应当承担的责任和义务的选择,也直接影响到对大学的职能、作用、目标和任务的确定。大学的办学理念,首先体现在大学的主要领导者身上,是领导者基于"办什么样的学校"和"怎样办好学校"的深层次思考,是治学方略、办学观念、办学思路等顶层设计的高度概括。有了明确的办学理念,就会使大学主要领导者的个人行为具有自觉性和目的性,进而使大学的整体行为具有自觉性和目的性。

目前,我国高校之间的竞争日益加剧,学校办学规模和组织系统的复杂性已经今非昔比。在复杂和激烈的竞争环境下,学校要想实现跨越式发展,必须要有鲜明的有别于他人的办学理念,并且通过制定发展规划和采取一系列切实有效的措施,使办学理念转化为学校的具体行动,进而实现学校的使命、愿景和具体目标。

在践行习近平新时代中国特色社会主义思想、服务地方经济社会发展的迫切需要、提升宁波高等教育发展水平和优化高等教育结构布局的迫切需要下,学校领导班子积极摸清家底、调研论证、筹谋发展,结合广大师生的意见及建议提出新形势下对办学行为的理性认识,立志把学校建设成为一所以培养幼儿园教师为主的应用型、师范性普通高等师范院校。该办学理念主动适应新时代社会和高等教育发展的新要求,以内涵式发展为目标,同时结合了宁波教育学院原先在学前教育人才培养和师干训工作上的优势,为创建职前职后贯通、培养培训一体的普通高等师范院校奠定了思想基调。

(二)组织机构

传统的大学作为一个以文化知识为核心的组织是一个科层制安排下

的松散组织结构。科层制的存在是组织正常运行的基本保证,是作为组织的基本特征。松散形态是由大学倡导的学术自由和知识的生产、传播方式决定的。当传统大学面临转型发展时,为了提高政策制定和执行的效率,必须有一个强有力的组织机构对不断变化的外在环境做出更迅速、更加灵活的反应,并根据内外部的条件迅速地制定具有战略性的计划,从而带领大家取得一步步的胜利。强有力的组织机构形式是多种多样的,但无论何种形式,组织机构有着相同的特点:一是必须具有至高的地位,形成的战略决策具有权威性;二是能够有魄力改变传统的势力和组织结构,敢于建立新的体制机制;三是必须能够激发基层师生的参与热情,保障政策落实和强大的生产力。

为加强组织领导和顶层设计,支持宁波教育学院更快、更好地改制转型,宁波市政府和学校专门成立了市、校两级改制领导小组,协调解决工作中可能遇到的各种问题。市级层面领导小组由市教育局党工委书记任领导小组组长,局长任副组长,市教育局有关处室领导任成员;校级层面成立由校党委书记任组长,校长任常务副组长的改制工作领导小组,下设改制办公室。通过科层化的权威介入,依托领导小组及其办公室的运作,增强了学校改制工作的应急应变能力和资源动员整合能力,同时也为改制发展提供了稳定的组织载体。

二、良好的外部生态

(一) 政治环境

政治环境是一个普遍存在的客观概念,世界上任何一个国家都有政治环境。政治生态建设作为党的建设工作中的一项重要内容,不仅影响到政治建设总体工作的进度和效果,同时也关系到党和国家发展的质量与水平,是保证中国特色社会主义高等教育建设工作顺利开展的前提和基础。高等教育与政治环境之间存在交集,社会政治环境中的因素必然成为高校教育环境的组成部分,直接影响着高等教育的方针、政策的制定和出台。同时作为客观的社会存在,政治环境又反过来影响着党和国家高等教育政策的落实,自然也影响着成人高校改制转型路径的抉择。

在政治环境的诸多要素中,党和国家的路线、方针、政策是促成成人高校改制转型的最关键因素。宁波教育学院就是在正确认识和贯彻党和国家有关高等教育的路线、方针、政策过程中接受影响、实现转型、力争发展的。可以说,正是因为抓住了相关政策的时效性,宁波教育学院才能够顺利改制转型成为全日制普通高等专科学校。除《教育部关于"十三五"时期高等学校设置工作的意见》外,学校进一步梳理《国家中长期教育改革和发展规划纲要(2010 2020年)》《国务院关于当前发展学前教育的若干意见》等各级各类相关文件、会议资料,提炼关于学前教育、师范教育的政策要求,认为在宁波教育学院基础上筹建宁波幼儿师范高等专科学校,以满足社会对高学历层次幼教人才的需求,是学前教育事业发展的迫切需要,也是进一步优化浙江省师范结构的迫切需要。浙江省教育厅、宁波市教育局对学校的改制工作非常重视和支持。为支持学校更快更好地改制转型,宁波市政府、宁波市教育局领导多次到省里就改制工作汇报、沟通,争取相关政策支持。浙江省教育厅提出要求学校从优化区域高等教育结构,从全省幼儿教师培养的角度高质量谋划建设学前师范院校,抓住机遇,加快转型。宁波市教育局为支持学校更快更好地改制转型,专门成立了宁波教育学院改制工作领导小组,并同意将原宁波 TAFE 学院校区划拨给学校使用。宁波教育学院转型为全日制普通高校既是政策要求,也是大势所趋。

因此,成人高校改制转型需要将视野投向政治环境,把握政治环境与高校改制转型之间的规律,才能全面提高高校改制发展的实效性。

(二)经济环境

高校要实现发展和进步的一个重要前提就是要有良好的物质基础。经济环境作为客观存在,是环境诸要素中最基本的要素,为高校发展提供必要的物质基础,决定着高等教育的发展水平,制约着高等教育对人才的培养要求和规格。

随着知识经济时代的来临,高等教育与经济的结合也越来越紧密,高等教育在我国经济建设与经济发展过程中的作用也越来越显著,人力资本和教育对经济增长的贡献也越来越大。从科教兴国战略到人才强国战略,不仅体现了党在新的历史时期与时俱进的理念,更说明了高等教育在我国经济社会发展中的重要战略地位和作用。在劳动力需求结构剧烈变化和人才需求急剧上升的时期,高校作为培养高层次人才的基地,对经济发展的促进作用也将随着人类社会的进步而日益显现,它为快速发展的经济建设提供了强有力的人才支撑。高校尤其是培养应用型人才的高等职业院校与社会的人才供需关系进一步深化,特色化人才培养逐渐提上日程。

宁波市第十三次党代会报告提出,建设国际港口名城,打造东方文明之都。名城名都建设客观上要求加快教育的发展进程,以适应人民对接受优质幼儿教育需求的不断增长。近年来,宁波市委、市政府加大力度推动学前教育公益普惠发展,通过新建改扩建幼儿园,积极扶持民办幼儿园发展,从硬件上进一步扩充学前教育资源,但学前教育师资缺口仍然很大。尤其全面两孩政策实施后,目前的学前教育资源已远远不能满足老百姓的需求。由此,宁波急需要一支高素质的幼儿教师队伍。宁波教育学院是浙江省学前教育师资的重要培养基地之一,其学前教育专业是宁波市重点专业。因此,筹建宁波幼儿师范高等专科学校,推进学前教育公益普惠发展,是满足宁波乃至整个浙江人民不断增长的接受优质幼儿教育的迫切需求,是适应宁波市经济建设和教育发展的迫切需要。

(三)区域高等教育结构

区域高等教育宏观结构包括层次结构、科类结构、形式结构、能级结构、布局结构、管理体制结构等诸方面。区域高等教育宏观结构是否合理,关系到区域内高校能否更好地适应社会需要。总体说来,区域高等教育结构是一种纵横交错、动静结合的整合式结构。建设高等教育强国,区域高等教育结构优化调整是一项重要的战略考量。

我国95%以上的高校是以省级政府管理为主的地方高校,没有地方高校的高质量发展,就不可能支撑和实现高等教育强国建设的目标。为使区域高等教育与新发展格局相适应,地方应把教育优先发展战略摆在重要位置,把高等教育发展纳入区域经济社会发展规划全局中来考虑,不断加快优化调整高等教育结构,服务区域经济社会发展环境改善。

从类型结构来看,宁波高等教育在区域经济社会发展中发挥了重要的支撑作用,但与中央、浙江省委对宁波"双城记"的期待和"名城名都"建设的目标定位相比,宁波市高等教育发展的质量和水平亟待提高。在甬高校数量与杭州、苏州相差甚远,其中高职院校占的比例较大,这个结构显然与宁波这个城市发展需求不相适应。宁波需要有综合性的大学,也需要有特色、专业化水平比较高的大学。从学科结构来看,宁波的师范教育结构亟待调整。宁波教育学院改制转型前,宁波没有一所专门培养小学和幼儿教师的师范院校,师范教育还处于弱化的过程之中。宁波市幼儿教师培养缺口较大,无法满足宁波市对优质师资的渴求。全面两孩政策出台后,这一缺口将进一步加大。

因此,把宁波教育学院改制转型为一所以学前教育为主攻方向的全日制师范类普通高校,既能完善当前师范教育体系,也能保持宁波高校应有的数量和规模,从而优化和完善宁波市乃至浙江省高等教育结构布局,这是大势所趋。

三、多元的资源支持

(一)教学场所及基本设施

《中华人民共和国教育法》规定设立学校及其他教育机构,必须具备该条件:有符合规定标准的教学场所及设施、设备等。从事教育教学活动的教学场所及设施、设备等,是高校必备的固定资产,否则教育教学活动无法开展。教学场所及基本设施一般指:实验室、实习场所及设施;图书馆、校园网络及设施;校舍、运动场所和活动场所及设施。

成人高校与普通高校是两种截然不同的办学类型,在办学层次、教育对象、师资队伍、学习形式等方面存在根本差异,因此两者的基本办学标准也有极大的不同。1988年4月9日,国家教委颁布《成人高等学校设置的暂行规定》,规定"所需校舍的占地面积和教学、生活用房设施的定额标准,根据成人教育的特点,参照国家关于新建普通高等学校校舍建筑面积、用地面积的定额办理。成人高等学校的校舍可分期建设,但其可供使用的校舍面积,应当保证各年度招生的需要"。教育部颁布的《高等职业学校设置标准(暂行)》,规定"建校初期,生均教学、实验、行政用房建筑面积不得低于20平方米;校园占地面积一般应在150亩左右(此为参考标准)。必须配备与专业设置相适应的必要的实习实训场所、教学仪器设备和图书资料"。以宁波教育学院为例,学校改制前原校区总占地面积仅83.86亩,距离150亩的标准尚为遥远。此外,实习实训场所、教学仪器设备和图书资料等资源也存在较大缺口。根据高等教育发展形势和办学实际,学校合理适度逐步扩大办学规模,预计到2025年,全日制在校学生8000人左右,并保持每年15000人左右的教育培训规模,这对学校教学场所和基础设施资源配备提出了新要求、新挑战。

在宁波市发展和改革委员会、市教育局等部门支持下,原宁波TAFE学院移交给宁波教育学院办学。移交后,依据《浙江省高等职业学校设置暂行规定》的要求,各项办学指标均已达到全日制普通高等专科学校的办学标准。学校搬迁后,秉持保留与迁建、改造与优化、整体规划与分区设计相结合的原则,合理开展校园规划,致力于满足不同服务对象的教学生活需求。

(二)资金

改革开放后,政府对高校管理方式由计划经济时期的直接管理,转变为间接管理,高校也从计划经济时期的政府附属机构成为具有法律保障的独立办学社会法人实体,在办学、招生以及财务管理等各个方面获得较大的自主权。《中华人民共和国教育法》规定,设立学校及其他教育机构,必须具备该条件:有必备的办学资金和稳定的经费来源。《中华人民共和国高等教育法》规定,高等教育实行以举办者投入为主、受教育者合理分担培养成本、高等学校多种渠道筹措经费的机制。由此可见,财政资金不再是高校教育经费的唯一来源,"财、费、产、捐、基、科、息"多元化的教育经费筹资渠道基本形成。

成人高校转型成为普通高校,面临收支难以平衡的困境。宁波教育学院搬迁到杭州湾后,在校生规模扩至6000人,原有的设施配备量少,与浙江省宁波市提出的高起点、高水平、高质量、有特色的建设要求尚有较大的差距。新校区启用后,学校物业费、交通费、设备投入费用等管理成本迅速攀升，支出经费大幅增长。

为解决资金不足的窘境，学校采取了如下解决措施：第一，请示上级部门在学生规模尚未达到 6000 人的情况下，按 6000 人规模下拨经费，弥补不足。第二，自 2020 年起改变拨款方式，由原来的"基数＋增长"转变为"基数＋生均＋补助（或专项）"。"基数"用于教师教育，"生均＋补助（专项）"用于全日制办学。第三，发挥师干训传统优势。除国家财政性教育经费、学杂费、绩效拨款等资金来源，学校发挥传统优势，大力打造教师教育品牌，以师干训工作更好地服务宁波基础教育发展，并将其作为重要创收板块。第四，大力构建"政—校—园—企—行"合作链，发挥教育评估院"以评促建、以评促改、以评促研"作用，以市级评估项目为根本，拓展区县级评估项目和市外评估项目，以教师发展学校建设、省等级幼儿园评估、学校发展性评价项目为品牌，开展培训、研究、评估等系统性行动；围绕重点学科专业，与行业企业开展深入合作，企业捐赠学校相关教学设备仪器，学校为企业提供理论指导与技能服务等。

（三）智力资源

习近平总书记在参加十三届全国人大一次会议广东代表团审议时强调："发展是第一要务，人才是第一资源，创新是第一动力。"[1]三个"第一"并列提出，强调三者内在关系是相辅相成的，明确了发展、人才和创新要协调统一，要把人才融合到成人高校改制转型中。成人高校迈向全日制普通高校的路程可谓是困难重重，如新建校区用地、建设资金、学校事业编制、招生指标、教育资源整合、过渡性宿舍和教学场所等。社会各方的人力支持与共同努力，为学校改制转型发展提供了现实条件。

为加快推进改制工作，加强顶层设计，吸纳专家智慧，借鉴改制学校的经验做法，特聘请 10 位专家为学校改制工作专家咨询委员会成员。学校领导班子走访北京、江苏、上海等地，与专家展开深入交流，专家为学校转型后的办学理念、办学定位、学科专业建设、教育教学等提出宝贵意见及建议，供学校领导班子参考。此外，学校举行幼儿园园长座谈会，听取

---

[1] 新华网.图解 2018 全国两会[M].北京：人民出版社，2018：116.

一线幼儿园园长的现状和需求,以及对学院改制后的宁波幼儿师范高等专科学校下一步在学科建设、专业方向、人才培养标准、课程设置等方面的想法和建议。

四、注重内涵建设

(一)专业建设

在新的历史条件下,建设一批高水平专业,既是支持和支撑高质量、高水平院校的核心内容,也有助于提升高职教育办学的基础水平,发挥已有专业建设的积累成果效应,支持和促进产业发展,促进高等教育国际交流与合作。高水平专业的特征是定位相对稳定合理、办学条件相对优裕、办学理念清晰科学、社会综合认可度高、科研和社会服务能力强大、国际交流与合作水平高。

历史原因,成人高校在学校专业建设上较为薄弱。一般存在专业类型相对单一、专业间发展不均衡、部分专业培养规模不大、专业结构布局有待进一步优化等问题。专业发展的优势还不够明显,教学改革力度有待加大,教学设施需要更新与完善。在省内、行业内有影响的专业带头人等高层次人才缺乏等。

为实现党的十九大报告提出的"幼有所育"的民生目标,改制转型后的宁波幼儿师范高等专科学校专业建设以学校办学定位为依据,合理谋划专业结构布局,坚持特色发展、内涵发展、错位发展,以人才培养模式改革与创新为突破口,以课程建设为重点,以加强师资队伍建设为关键,以教学条件建设为保障,为促进儿童全面发展和区域经济社会发展,培养专业基础扎实、实践能力强、综合素质高、岗位适应快,富有社会责任感和创新创业精神的应用型高级专门人才。专业建设遵循三大原则:第一,坚持需求导向与重点突破相结合。围绕学校的办学定位,重点培养学前教育师资,围绕儿童发展领域教育需求进行专业设置。同时,适应地方社会发展的新需求,适度举办相关专业,谋求学校的可持续性发展。第二,坚持优化结构与提升质量相结合。遵循专业建设与发展的基本规律,正确处理数量与质量、当前与长远、局部与整体的关系,努力实现规模、质量、结构的协调统一。新专业开设既要考虑办学基础，也要瞄准社会需求，并适度兼顾投入产出比，原则上每个专业应保障每年至少招生2个班规模，注重专业之间的相互支撑与资源共享。第三，坚持发扬优势与彰显特色相结合。专业建设要发扬优势与彰显特色，按照做强学前教师教育、做精儿童发展领域教育的导向，以学前阶段为主，兼顾小学低段，重点建设和优先发展能体现学校办学特色与优势的专业，逐步拓展专业覆盖面，先易后难，稳扎稳打，分步实施。

(二)师资队伍

建设高水平的师资队伍是高职院校内涵发展的前提条件，也是构建现代职业教育体系的重点任务。《国务院关于加快发展现代职业教育的决定》明确提出：要建设专兼结合的"双师型"教师队伍，实施教师专业标准，落实教师企业实践制度，完善企业工程技术人员、高技能人才到职业院校担任专兼职教师的相关政策等。这为承担培养产业转型升级和企业技术创新所需要的发展型、复合型和创新型技术技能人才的高职院校师资队伍建设指明了方向，也是现代职业教育体系背景下高职院校师资队伍建设的必然要求。

成人高校主攻非学历教育，其师资队伍的结构体系、核心素养、能力标准等与全日制普通高校存在一定差距，主要表现为以下三个方面：一是师资总体数量需进一步补充，成人高校的师资总量对照全日制高校办学规模无法达标。二是队伍结构需进一步优化，突出表现在高层次人才和高水平创新团队较为缺乏，对专业发展的引领和支撑不够。团队效应不明显，存在研究方向和力量分散，较难承担大型研究项目等问题。现有高职称高学历教师分布不够均衡，教师专业结构不够合理。三是国际化水平和服务社会能力需进一步提高。学校师资队伍中具有海外教育、工作背景，或出国访学一年以上经历的教师比例相对偏低，国际视野有待进一步打开。"双师型"教师数量偏少，教师人才创新和服务社会的意识和能力有待进一步提高。

改制转型后，宁波幼儿师范高等专科学校坚持德才兼备、以德为先的人才工作导向，以充分发挥人才作用为根本，以高层次人才队伍建设为重点,以人事管理制度和人才激励体制机制创新为保障,按照"外引内培、分层分类"的师资队伍建设思路,组建名师工作室和优秀博士工作室,搭建师资队伍发展的立体化教学科研平台,使学校成为学前教育相关专业高层次人才集聚地,切实为建一流学前教育专业、育一流学前教育师资服务打基础。通过广范围"引"、全方位"培"、科学化"用",整体推进师资队伍建设,使符合学校事业发展需要的人才队伍能"引得来、留得住、用得好"。

(三)办学机制

高等学校的办学机制是体现高等学校办学理念、发挥高等学校办学体制功能、激发高等学校办学活力、实现高等学校办学目标的运作模式和调节方式,是高等学校办学的关键要素之一。在知识经济时代,高等学校要主动适应新的形势和环境,不断创新办学机制,建立起以院(系)为重心,以教师、学生为主体的高校管理运行机制,符合现代社会要求的高校质量保证机制,适应现代大学的高校科研运行机制,富有活力的高校人力资源开发与管理机制,以及学术权力与行政权力功能互补、协同运作的高校权力运行机制。

宁波教育学院转型后立足学校实际,着力探索开放型合作办学机制,内外部协同发力,共同助推学校事业发展。一是建立合作共建机制。引进名校名所名人,加强办学平台和载体建设。与华东师范大学建立战略合作关系,依托华东师范大学,帮带师资,帮建专业,帮扶学校;与南京师范大学合作创办卓越幼儿教师实验班。整合优化全市高等教育资源,积极与省内外高校合作,探索幼师本科、小教本科联合培养模式。二是探索多元协同机制。深化产教融合,推进"政—校—园—企—行"多元主体合作办学。积极与省内外高校合作,探索专升本联合培养模式;探索五年一贯制融合培养模式;与中职学校协同发展,探索多种人才培养模式。三是创建国际教育湾区。推动学科专业建设与湾区产业发展相适应。深化校地合作,为对接湾区经济社会发展需求,从学科专业入手与杭州湾新区全面深入开展合作育人,逐步扩展合作领域,提高校地合作共建能力。同时,积极探索与国(境)外大学的合作,为专升本打好基础,与美国威廉·杰瑟普大学、泰国商会大学等,在学历学分互认、共建国际学院等方面开展合作办学。

五、强有力的文化引领

在内部文化层面,学校在改制转型后,立足实际,开拓创新,提出要全方位打造的"三品"校园文化,既彰显学校的历史底蕴、价值追求和人文内涵,又为学校师生的未来发展提供遵循与方向。一是要让学校有品位。自搬迁至杭州湾校区后,学校多措并举不断优化校园环境,提升小学品位,在精致典雅的物质环境文化、颇具人艺特色的优秀传统文化、奋发有为的精神行为文化等多个方面实现了新突破。二是要让教师有品性。"经师易得,人师难求。"一个人一生遇到好老师,这是一个人的幸运;一个学校拥有好老师,这是这个学校的光荣;一个民族拥有源源不断的好老师,这是这个民族发展的根本依靠、未来依托。从这个意义上看,教师对自己高标准、严要求既是自身成长的需要,更是对学生、对民族的负责。学校致力于让教师群体涵养大气、大爱、大师等品格。三是要让学生有品质。培养的学生既要具备符合时代发展、社会需求的共性特点,也要突出师范院校培养的个性特色,总体概括起来学生至少需要具备以下三颗"心":红心、专心、爱心。"三品"校园文化也体现了学校在物质文化、制度文化、行为文化、精神文化建设方面的思考。

(一)物质文化

学校物质文化是学校文化的有形部分,指学校内看得见、摸得着的物化的文化形态。它既是学校文化的"外壳",奠定着学校文化存在和发展的物质基础,又是学校文化"内核"的载体,体现着一定的价值目标、审美意向等,是富有教育内涵的人文环境。学校物质文化是学校内人员的对象化活动的结果,一方面,人是物质文化的创造者、改造者,使自己所处的物质环境打上种种思想观念的烙印;另一方面,人又是物质文化的受用者,让自己在特定的物质环境中得以陶冶和熏染。具体来讲,学校物质文化主要是通过校园环境的创设而发挥它的育人效应的,包括学校的总体结构和布局、校园绿化和美化、具有教育含义的教育和教学场所等。

宁波幼儿师范高等专科学校杭州湾校区设计引入"一核三轴多组团"

的总体规划结构模式。"一核"是在主入口内部,利用柱廊与建筑群的围合,形成一个以大草坪为主体的校前大广场,用以展示形象、聚集人气、营造氛围。"三轴"分别是以图书馆为核心的南北主轴线,集中凸显整个校区的气势,体现严谨与治学精神,是校园的空间轴;以生活街为主的东西轴线,通过长廊等空间的变化、自由与创造,体现校园文化与艺术气息,是校园的人文轴;沿河流的景观轴线,通过植被与小品的营造,体现生态、绿色、休闲的公园式氛围,是校园的自然轴。"多组团"是围绕"一核三轴"的空间构架,建筑群以组团式展开布局,形成聚落化、充满活力的各个功能场所,相对独立又互相呼应,满足结构明晰的功能分区要求。通过校区建设项目实施和功能改造,逐步建成功能布局合理、环境和谐、体现办学特色的现代化、智能化校园,构建满足人才培养需求的校园保障体系。

在校园绿化和美化上,学校持续推进杭州湾校区一期和二期环境文化改造提升项目,通过对学校南大门和钟楼的灯光改造、南大门绿化提升、鹿鸣河畔增加雕塑和校园增设文化座椅等项目,进一步打造和提升学校有品位、教师有品性、学生有品质的"三品"校园文化。

(二)制度文化

大学制度是大学精神理念的基本载体,大学精神理念则是大学制度的灵魂,只有将大学精神理念融汇于大学制度中,并通过这些制度安排使"大学人"自觉将这些理念内化为自己的精神信仰、价值追求和行为准则,才能形成良好的大学文化,确保大学组织具有持久的生命力。因此,加强大学制度文化建设是新时代大学文化建设之根本。当前,大学制度文化建设应以大学章程的制定为依托,以大学内部治理结构的完善为基础展开,这是新时代大学文化发展的必由之路。所谓大学制度文化建设就是有意识地在大学制度中融入大学精神和理念,同时又将大学制度中体现的思想和理念内化为"大学人"的价值追求和行为观念。加强大学制度文化建设既能克服过去大学文化建设片面化倾向,避免大学文化建设物质化和虚空化,又是建立中国特色现代大学制度的有效途径。

一是以大学章程的制定为依托。大学章程承载着大学精神,是建立和完善现代大学制度的根本保障,大学制度文化建设中首先要高度重视将大学理念融入大学章程的制定中。西方中世纪诞生的巴黎大学、牛津大学、剑桥大学等古典大学大多获得了国王或教皇颁布的特许状，这些特许状体现了大学组织的一种独特文化——契约精神，为西方大学文化传统——学术自由和大学自治提供了外部保障条件。

二是以大学内部治理结构的完善为基础。目前，中国的大学治理结构是"党委领导、校长负责、教授治学、民主管理"，但这仅是一种理念或者说是制度框架，当务之急是各高校要在承继传统、立足现实和放眼未来的基础上，进一步完善大学内部治理结构，制定和创新与之相适应的各项具体制度，从中体现出新时代中国大学制度文化的新风貌。一方面，要根据理念进行制度配套和制度创新；另一方面，还要防止既有大学制度失去理念的支撑，出现空洞化和偏离化现象。

改制后，宁波幼儿师范高等专科学校以制定大学章程为抓手，构建现代大学治理体系，修订完善学校各类规章制度。坚持党委领导下的校长负责制，逐步完善学校依法治校、自主管理、自我约束的体制机制。不断完善内部治理体系，制定《宁波幼儿师范高等专科学校校院两级管理办法》，基本形成校院两级治理体系，同时在广泛听取意见的基础上组织修订了《宁波幼儿师范高等专科学校2020年二级学院（部门）绩效考核指标》，完善二级单位绩效考核体系。

(二) 行为文化

大学行为文化是指大学师生员工在教育教学、科学研究、学术交流、学习生活和文化活动中所体现出的大学风气，主要内容为大学内部行为规范、校园文化活动以及社会服务。

大学风气主要由校风、教风、学风等要素构成。校风是指一所大学内全部"大学人"共同具有的行为作风，是"大学人"在管理、教学、科研、娱乐、服务等行为活动中形成的集体性的行为风尚。教风即教师风范，是教师的德行与才能的统一性表现，是指教师在从事教学和科研活动中所表现出来的思想作风和工作作风，是教师整体素质的体现，是教师行事作风、道德修养、治教态度的集中反映。学风是指学校师生员工在治学精神、治学态度和治学方法等方面的风格，归根到底是教师和学生在对待学习这个问题上的思想态度和行为表现,它通过学习立场、学习秩序、学习路径、学习成效等具体地反映出来。宁波幼儿师范高等专科学校"三品"校园文化正是"三风"的写照。

大学内部行为规范。规范既有约束又有示范的意思。大学作为进行高等教育的场所,其持续发展离不开规范的约束。具体而言,大学内部行为规范是指"大学人"在参与活动中所遵循的规则、准则的总称,是"大学人"应普遍接受的具有一般约束力的行为标准,不仅包括大学的行为准则、道德规范、法律规定,还包括大学章程、大学制度中规范行为的具体内容。大学内部行为规范是横跨大学行为文化和大学制度文化的一项重要内容,塑造和培育优秀的大学行为文化,应当以行为规范为依托和保障。

校园文化活动。这是能够蕴涵大学发展特色,反映师生价值追求的文化活动,是将思想性和艺术性相融合的文化元素,是大学行为文化的重要组织形式,也是课堂教育的补充和延伸。宁波幼儿师范高等专科学校结合重大节日、重大事件等广泛开展社会主义核心价值观宣传教育,弘扬时代文化、师范文化、传统文化。开展学校首轮校园文化品牌创建和验收工作,更好地实现校园文化的育人功能。

社会服务。社会服务是大学行为文化发挥其外部引领作用的核心内容,也是大学行为文化辐射外围的具体体现。大学服务社会的形式多种多样,主要有:一是发挥大学智力优势,扮演"智库"角色,为党和政府及事业单位的科学决策提供高质量的智力支持。二是以大学科技园为平台,孵化高新技术产业,促成科技成果转化,培育战略性新兴产业,大学科技园也在逐步成为大学师生创业的重要基地,并为带动区域经济发展做出卓越贡献。三是向社会输送教育服务。四是志愿服务,"大学人"深入基层,参与各类社会实践,服务社会,融入社会,并带动社会大爱风气。

(四)精神文化

精神文化是大学文化的内核,体现了大学的价值观,具有导向作用。大学精神文化就是不断地传承和创新科学知识,追求真理引导社会文化,彰显着不同于其他机构的独特气质,其内涵也成为人们关注的重点问题。

很多学者都给大学精神文化下过定义。李辉认为"大学精神文化是一种独特气质,标志着科学精神,是人类文明的体现形式"[①]。王冀生认为大学精神文化,其实就是大学理念,是建立在办学规律和时代特征深刻认识的基础上的。[②] 不同的人对大学精神文化的理解也是不尽相同的。我们可以认为大学精神文化是大学在长期的发展过程中形成的一系列价值和体系,用来约束大学本身的行为并在此基础上形成的独特气质。

大学精神文化是在外部文化和内部文化的共同推动作用下形成的。

在外部文化层面,宁波经久不衰、生生不息的地域文化——"宁波帮"文化为学校的改制转型提供了坚实的外部精神动力。"宁波帮"原指明清以来旅外从事工商业的宁波商人群体,现泛指在经济社会与科学、教育、文化等领域奋发有为的旅外宁波籍人士。在近代中国,"宁波帮"与"广东帮""山西帮""安徽帮"并称为中国四大商帮。由于地域和文化的关系,当其他商帮逐渐衰落之际,"宁波帮"却一天比一天兴隆,在众多的商帮中脱颖而出,成为中国近代最大、最有代表性的商帮。富有经济实力又具现代观念的"宁波帮"纷纷在家乡捐资办学,推动了宁波教育事业的发展,成为当代宁波教育兴旺发达的源头活水。"宁波帮"的物质支持使得近代宁波教育事业发展行稳致远,其在精神文化层面对教育的推动更为关键。"宁波帮"精神有两大核心:一是敢为天下先的开拓精神。它重点体现在宁波人在社会生活尤其是在经济领域中的创造性追求和大无畏的精神。这种弄潮儿式的大胆,推动着宁波幼儿师范高等专科学校审时度势,具备敢于抓住改制转型机遇的清醒与自觉的改制发展思路。二是精明务实的实践理念。在工商业经营中,宁波人重视产品质量,注重精益求精。这种老老实实的做法,体现了宁波人长远发展的远见。宁波幼儿师范高等专科学校秉持着"宁波帮"稳扎稳打、实践为上的精神文化,一步步突破在体制机制、资源配备、队伍建设等方面的难点痛点堵点,一步步走向改制成功。可以说,"宁波帮"敢想敢拼的精神文化内核为学校改制发展注入了一针强心剂。

---

① 李辉.以文化人:"两个文明"协调发展的价值目标[J].人民论坛,2016(24):92-94.
② 王冀生.大学精神与制度创新[J].有色金属高教研究,2001(1):6-11.

第三节 "宁波模式"的遗憾与展望

尽管"宁波模式"颇具特色且与同类成人高校的改制转型之道契合度较高,有一定的借鉴价值,但改制的成功并不意味着发展的完成。自宁波教育学院"十四五"规划落定以来,学校一直以推进"两双"建设、创建卓越师范院校为奋进目标,在致力于自身发展的同时力求"以点带面",以日趋完善的"宁波模式"为我国高等教育的内涵式发展提供相关经验。就此阶段性目标与学校适应社会主义现代化国家建设新征程的长远目光而言,改制初成的宁波教育学院还未达成预期的发展效果,目前形成的"宁波模式"亦有更多展望的空间。

一、改制的遗憾

若要进一步落实学校"十四五"发展规划,让成人高校改制转型的"宁波模式"更加完善,更具借鉴价值,首先要厘清学校在未来发展中所面临的问题与挑战。

尽管"宁波模式"因地制宜,是多方衡量宁波教育学院具体情况后规划实施而形成的精准改制模式,对学校自身发展状况而言具有较高的适切性,但在具体完成后,由于部分客观因素的困扰,学校改制转型的"宁波模式"仍有遗憾。

在校名的更替上,改制成功之后,学校由"宁波教育学院"更名为"宁波幼儿师范高等专科学校",此更名虽然强化了学校优势学科的专业性,为"两双"建设的推进树立了鲜明的旗帜,但在总体上就学校发展规划中"立足浙江,服务长三角"的办学定位而言略显局限。

在区位环境上,尽管新校区的建设得到了政府相关部门的大力支持,在经费争取、文化规划、信息化建设等方面都取得了一定突破,但新建成的杭州湾校区毕竟远离市中心,在人才引进、学生实习等方面仍有不便之处。而在对照高职高专办学条件后可以发现,目前学校在师生比、"双师型"教师比例、高层次人才比例、生均图书等基本办学指标上尚存不足,需进一步补强,而新校区的区位选择与规划中的理想新学校建设仍有差距。

"宁波模式"中所期待的现代大学治理体系建设也有待加强,由于改革具有渐进性特征,当前学校的决策执行和部署落地机制有待完善,二级管理有待深入推进,二级学院(部门)、重点项目、教师等评价体系有待整合完善,数字化改革步伐有待加快,融合发展、高能级合作机制有待进一步加强。

二、"宁波模式"的未来展望

除了自身发展的局限外,"宁波模式"的完善与发展还将迎来外部挑战。由于学校正处于转型发展的关键期,事业发展长期向好的基本局面没有改变,但相对于经济社会发展的新需求和"两双"建设的高要求,学校面临与全省高职高专院校、全国幼专抢机遇、共竞争的新局面,亟须在竞争浪潮中找准定位、瞄准目标,加大改革创新力度,进一步提高自身办学实力,提高"宁波模式"的完善度与影响力。

总而言之,"宁波模式"依托学校"十四五"发展规划而生,其未来的发展扎根于一个机遇与挑战并存、希望与困难同在、破旧局与立新局并行的历史阶段,若要进一步完善"宁波模式",必须坚定建设高水平高质量卓越师范院校的信心,坚持党的领导,坚持改革创新,坚持特色发展,秉承"学校兴衰,你我有责"的主人翁意识和担当精神,以昂扬的斗志、务实的作风一路克难奋进,实干争先,助推学校发展不断启新篇、展新貌。

参考文献

[1] 阿什比.科技发达时代的大学教育[M].滕大春,滕大生,译.北京:人民教育出版社.1983.

[2] 曹立国.企业成人高校改办高职的优势与特色探讨[J].职业技术教育,2001(31):42-45.

[3] 陈斌.建设应用技术大学的逻辑与困境[J].中国高教研究,2014(8):84-87.

[4] 陈东.论成人高校改制为普通高校后的本科教学[J].四川教育学院学报,2008(12):26-28.

[5] 陈新民.区域经济视野下的新建本科院校转型研究[M].杭州:浙江大学出版社,2014.

[6] 陈新民.新建本科院校转型研究[J].教育发展研究,2009(1):46-49.

[7] 陈永斌.地方本科院校转型发展之困境与策略[J].中国高教研究,2014(11):38-42.

[8] 陈智旭.成人高校改制后学生思想政治工作对策研究[J].科技创新导报,2013(15):162.

[9] 达夫特.组织理论与设计[M].王凤彬,等译.北京:清华大学出版社,2017.

[10] 丁雅诵.推进职业教育高质量发展[N].人民日报,2021-02-26.

[11] 董鲁皖龙.扎根中国大地奋进强国征程——新中国70年高等教育改革发展历程[N].中国教育报,2019-09-22.

[12] 顾永安,等.新建本科院校转型发展论[M].北京:中国社会科学出版社,2012.

[13] 郭文富.现代治理视角的高等职业教育质量保障研究[D].上海:上海师范大学.

[14] 合肥师范学院 2018-2019 年本科教学质量报告[EB/OL].(2020-05-05)[2021-08-25].http://jwc.hfnu.edu.cn/info/2091/10935.htm.

[15] 何跃,贺芒.公共组织管理[M].重庆:重庆大学出版社,2019.

[16] 何云江.贵州教育学院新校区即将在乌当建成[J].当代贵州,2008(22):35.

[17] 河南财政金融学院 2018-2019 学年本科教学质量报告[EB/OL].(2019-12-20)[2021-08-20].https://www.hafu.edu.cn/info/1136/5139.htm.

[18] 贺祖斌.中国高等教育系统的生态学分析[D].武汉:华中科技大学,2004.

[19] 黄红.对贵州教育学院创建和改制的思考[J].贵州师范学院学报,2010(12):68-71.

[20] 贾薇.基于"内卷化"理论的中国公共组织变革的系统研究[D].天津:天津大学,2014.

[21] 姜大源.论德国职业教育专业模式的改革与创新——职业性与模块化的融合[J].职业技术教育,2002(7):67-69.

[22] 姜孔祝,王飞舟,任玉荣.论普通高校成人教育转轨变型[J].中国成人教育,2007(17):7-8.

[23] 教育带动未来新中国高等教育改革发展历程[EB/OL].(2021-01-06)[2024-03-25].http://about.china.com.cn/2021-01/06/content_75912031.htm.

[24] 晋浩天.职业教育这十年:建设技能型社会培养更多大国工匠[N].光明日报,2022-04-27.

[25] 克拉克.建立创业型大学:组织上转型的途径[M].王承绪,译.北京:人民教育出版社,2003.

[26] 李琳.地方高校应用本科教育的转型探索:CDIO 的视角[J].高等农业教育,2014(8):51-53.

[27] 李正元.成人高校怎样适应改制高职学院的新形势[J].教育探索,2000(6):37.

[28] 刘坎龙,蔡万玲,苗青.成人高校向普通高校转轨时期的学情分析及对策研究(三)——以新疆教育学院为个案分析[J].新疆教育学院学报,2007(3):20-24.

[29] 刘敏.中国高等教育发展的变与不变[N].中国教育报,2023-03-02.

[30] 刘允杰.成人高等教育转型研究——以宁波市为例[D].宁波:宁波大学,2017.

[31] 刘振天.地方本科院校转型发展与高等教育认识论及方法论诉求[J].中国高教研究,2014(6):11-17.

[32] 卢伯鸿.成人高校改制风险管理[J].经济师,2009(8):111-112.

[33] 马宏.从管理走向治理:以学术领导力激发学校办学活力[J].中国教育学刊,2020(12):11.

[34] 石丰.成人高校"改制"的思路与对策[J].成人教育,1994(5):5-6.

[35] 宋争辉.高等师范院校转型发展:趋势、内涵与路径[J].国家教育行政学院学报,2018(2):10-16.

[36] 唐琼.独立设置成人高等院校退出研究[D].长沙:湖南大学,2012.

[37] 王启群,郭万才.改制为普通高校是教育学院可持续发展之路[J].贵州教育学院学报,2008(10):1-4.

[38] 王玉丰.中国新建本科院校转型发展研究[M].北京:教育科学出版社,2011.

[39] 魏顺福,陆文.浅谈企业成人高校改制高等职业学校的必要性[J].江汉石油职工大学学报,1999(1):6-10,26.

[40] 吴结,于蕾.区域独立设置成人高校转型取向研究——以广东省为例[J].广东开放大学学报,2017(2):1-6.

[41] 吴松.WTO与中国高等教育发展[M].北京:北京理工大学出版社,2002.

[42] 夏明忠.新建地方本科院校转型发展的动因、障碍和对策[J].高等农业教育,2014(11):6-10.

[43] 夏天阳,楼一峰.上海部分高校改制的方法途径与对策研究[J].上海高教研究,1994(3):46-50.

[44] 肖建彬,李泽民,古立新.广东省独立设置成人高校成人与继续教育现状调研报告[J].广东教育学院学报.2006(1):18-23.

[45] 杨桦.转型期独立设置的成人教育学院所面临的挑战及出路[D].西安:陕西师范大学,2008.

[46] 杨柯.浅析成人高校怎样适应改制为高等职业技术学院的新形势[J].新疆职业大学学报,2002(1):20-21.

[47] 叶飞."治理"视域下的学校公民教育[J].教育学报,2013(6):52-57.

[48] 余小波.我国成人高等教育转型的研究[D].厦门:厦门大学,2007.

[49] 俞可平.衡量国家治理体系现代化的基本标准[N].南京日报,2013-12-10.

[50] 袁鼎生.审美生态学[M].北京:中国大百科全书出版社,2002.

[51] 张道远.切实做好成人高校改制中的思想政治工作[J].皖西学院学报,2001(3):103-105.

[52] 张建.教育治理体系的现代化:标准、困境及路径[J].教育发展研究,2014(9):27-33.

[53] 张兄武等.关于地方本科院校转型发展的思考[J].中国高教研究,2014(10):93-97.

[54] 张应强,蒋华琳.关于地方本科高校转型发展若干问题的思考[J].现代大学教育,2014(6):1-8.

[55] 张应强.地方本科高校转型发展:可能效应与主要问题[J].大学教育科学,2014(6):29-34.

[56] 中华人民共和国教育部.各级各类学校校数、教职工、专任教师情况[EB/OL].(2024-01-10)[2024-03-25].http://www.moe.gov.cn/jyb_sjzl/moe_560/2022/quanguo/202401/t20240110_1099540.html.

[57] 中华人民共和国教育部.新闻发布会——介绍2022年全国教育事业发展基本情况[EB/OL].(2023-03-23)[2024-03-25].http://www.moe.gov.cn/fbh/live/2023/55167/mtbd/202303/t20230323_1052380.html.

[58] 周国平.地方高校转型发展问题研究述论[J].高等职业教育探索,2019(5):43-48.

[59] 周惠.论大学的转型发展[J].社会科学战线,2013(11):253-255.

[60] 周锡海.由成人高校山东贸易职业大学的改制——论高职院校的发展[J].大家,2011(19):228-229.

[61] 朱柳玉.我国独立设置成人高校转型发展研究[D].南昌:江西师范大学,2016.

附 录

学校改制工作大事记

2016年

10月28日,宁波教育学院党委书记苏泽庭召集启动学校改制项目研商会,初步提出了改制项目方案的设计思路框架。柳国梁、沈群、闻靖灏、黄志兵参与了研商。

11月29日,宁波教育学院苏泽庭、柳国梁、沈群、闻靖灏、黄志兵进行会议商讨,进一步明确了学校改制项目建设方案的主要目标、内容、创新与特色,并初步形成学校改制项目建设方案。

11月30日,宁波教育学院苏泽庭、沈群、黄志兵向宁波市教育局汇报方案,得到时任市教育局局长沈剑光、副局长胡赤弟、高教处处长董刚充分肯定。市教育局认为项目理念新,具有协同创新思路,架构完整,并用"借力""创新""突破"三个关键词提出了相关建议。

12月6日,学校召开党政联席扩大会议,针对项目的必要性、可行性,以及改革项目方案内容开展头脑风暴式的大讨论。会上提议成立"1206"项目办公室,在组织层面保障项目的有效开展。

12月15日,宁波教育学院苏泽庭、黄全明、黄志兵赴北京与世界银行(中国)教育专家肖丽萍博士、付宁博士交流项目。两位教育专家一致认为项目能切合当前国家比较关注的学前教育、早期教育、职业教育,项目有血有肉、内容丰富、创新点多。

12月22日,学校召开第十三次党政联席会议,研究成立了"1206"项目工作组。苏泽庭任组长,周波任副组长,成员为柳国梁、沈群、胡银茂、陈国明、张克勤、邱康乐、黄志兵、魏晖。工作组下设办公室,张克勤兼任办公室主任,成员为邱康乐、黄志兵、魏晖。以上决定在宁教党政纪要〔2016〕12号文件中明确。

12月22日,宁波教育学院苏泽庭、黄志兵与时任宁波市财政局副局长苏丹旦、教科文处处长沈蓉丹就项目建设进行了深入交流。财政局对项目方案总体认可,并指出玩教具标准、早期教育标准制定等内容具有重要创新性。

12月27日,"1206"项目办公室召开第一次改制工作会议,明确各自任务分工。

2017年

1月9日,宁波教育学院苏泽庭、黄志兵到宁波市江北区政府进行调研,并与区政府就改制项目的用地事宜进行研商。时任宁波市江北区副区长尤武卫对项目提出了可行性的意见和建议。

1月11—12日,宁波教育学院苏泽庭、张克勤、郑庆文参加由世界银行和云南省教育厅联合主办的"首届云南农村学前教育可持续发展国际研讨会"。在会议交流期间,宁波教育学院项目组与世界银行首席经济学家陈丹丹女士、世界银行中国局项目官员及云南省发展和改革委员会、云南省教育厅、云南师范大学世界银行资助项目负责人等进行了深入交流。详细了解了世界银行学前教育资助项目的申报条件、运行机制、监测验收标准以及世行资助项目带来的学校发展、学科专业建设的边际效益。

3月4日,世界银行前任首席教育专家梁晓燕博士,时任宁波市教育局办公室主任蒋和法、国际交流与合作处处长陈金辉赴宁波教育学院调研,专家对项目的理念和创新点给予了充分肯定,认为该项目在东部沿海地区具有一定的示范引领作用。宁波教育学院苏泽庭、周波、沈群、"1206"项目办公室全体人员陪同调研。

3月7日,宁波教育学院苏泽庭、"1206"项目办公室全体成员与宁波市发展和改革委员会世界银行项目办梁冬军进行了深入交流,在项目实施目的、具体措施、数据监测和评价等问题上达成基本共识。

3月28—30日,时任宁波市高校教学工作督导组组长曹屯裕,宁波教育学院苏泽庭、白晓明、柳国梁、黄全明、黄志兵等组成调查团队,赴苏州幼儿师范高等专科学校、苏州科技大学、常熟理工学院调研,深入了解了江苏省师范生教育、高校改制转型升级等基本情况。

4月19日,学校召开离退休校领导意见征求会,根据教育部2017年制发的《关于"十三五"时期高等学校设置工作的意见》文件要求,结合学校实际,明确了学校改制发展的基本定位。学校领导班子,离退休校领导王伯康、沈觉人、白晓明、周建达等出席会议,"1206"项目办公室全体成员参会。

4月27日,学校召开改制发展专题会议,针对2017年教育部《关于"十三五"时期高等学校设置工作的意见》,进一步深入讨论学校改制发展问题,统一了思想,并形成《加快宁波教育学院转型升级发展的建设方案》的征求意见稿和建议稿。学校领导班子全体成员出席会议,"1206"项目办公室全体成员参会。

5月18日,宁波教育学院苏泽庭、周波向时任宁波市委教育工委书记朱达、时任宁波市教育局局长黄志明汇报改制工作,建议以宁波教育学院为基础筹建浙江幼儿师范高等专科学校。

5月25日,宁波教育学院拟稿《宁波市教育局关于以宁波教育学院为基础筹建浙江幼儿师范高等专科学校的建议》,由时任宁波市委教育工委书记朱达、时任宁波市教育局局长黄志明向省教育厅汇报工作。总体上得到省教育厅领导认可。

6月7日,宁波教育学院苏泽庭、周波向时任浙江省教育厅副厅长丁天乐汇报筹建浙江幼儿师范高等专科学校工作,上级领导支持改制工作。

6月15日,宁波教育学院成立学校转制工作领导小组,苏泽庭任组长,周波任常务副组长,副组长为柳国梁、沈群、胡银茂、陈国明、袁国方,成员为学校各学院(部门)负责人。领导小组下设转制工作办公室,袁国方兼任办公室主任,成员为朱时宏、邱康乐、黄志兵、冯丽娜、魏晖。

6月17日,宁波教育学院转制工作办公室首次召开转制工作会议,明确了转制工作办公室的主要工作任务。

6月20—21日,宁波教育学院苏泽庭、周波、袁国方、朱时宏向时任教育部发展规划司院校设置和综合业务处处长于洋汇报转制工作。

9月7日,时任教育部科学技术司司长雷朝滋来宁波教育学院调研学前教育专业建设。

9月12日，宁波教育学院召开学校党委会研究转制工作，讨论《改制工作方案》。学校领导、转制办成员出席会议。

9月15日，宁波教育学院苏泽庭、周波、袁国方，转制工作办公室朱时宏、黄志兵在育才大厦4楼春秋厅，与时任宁波市江北区副区长尤武卫、宁波市江北区旧城改造办公室副主任汪荣秋，时任文教街道书记胡梓超商讨改制工作，汇报学校改制合作事宜。

9月16日，宁波教育学院苏泽庭、朱时宏与时任海曙区委书记孙黎明、副区长史卫东，研商学校改制合作事宜，特别是土地等重大问题。

9月21日，时任浙江省教育厅计划财务处副处长陈达来宁波教育学院调研指导改制工作，重点对改制工作下一步具体操作程序进行了指导。时任宁波市教育局计财处处长周才登、高教处处长董刚，宁波教育学院苏泽庭、周波、袁国方、黄全明、朱时宏、黄志兵参加了调研交流。

9月26—28日，宁波教育学院苏泽庭、周波、袁国方、朱时宏、邱康乐赴北京、常州等地调研改制经验、学科专业设置等。

9月29日，学校邀请国家督学、浙江省教育学会副会长、原浙江教育学院院长鲁林岳教授，在育才大厦309会议室召开改制转型工作交流会，鲁林岳教授在会上交流了浙江教育学院改制经验。宁波教育学院领导班子及转制办全体成员出席会议。

10月11日，宁波教育学院苏泽庭、袁国方、朱时宏赴奉化调研讨论学校改制相关事宜，时任奉化区副区长陈彩凤、奉化区教育局局长周永龙、奉化区政府办副主任竺月飞参加调研。实地考察了奉化滕头村。在此之前，学校党委书记苏泽庭专门就校址选择与时任奉化区委书记高浩孟、区长张文斌进行交流，取得初步方向性意见。

10月13日，宁波教育学院召开幼儿园园长座谈会，听取一线幼儿园园长的现状和需求分析，以及对学院改制后的宁波幼儿师范高等专科学校下一步在学科建设、专业方向、人才培养标准、课程设置等方面的想法和建议。校外幼儿园教师包括宁波宝韵幼儿园园长马春玉、时任启文幼儿园园长邵爱红、甬港幼儿园园长何妨、时任镇海幼儿园园长高虹、象山海韵幼儿园园长欧赛萍、时任鄞州盛世幼儿园园长陈旦映、李惠利幼儿园园长林红、海曙区教育局教研室副主任、幼教教研员胡剑红、北仑九峰幼儿园园长王秋红参加座谈会。宁波教育学院苏泽庭、袁国方、改制办全体成员参会。

10月26日，宁波教育学院召开改制方案和决策风险报告专家咨询会，会上邀请时任宁波市发展研究中心主任林崇建、研究一处处长张华，对《关于宁波教育学院改制的决策风险评估报告》进行论证，建议加快推进宁波教育学院改制进度，按照高起点、高水平、高质量、有特色的要求组建新学校，把风险降低在可控范围内。

11月1日，宁波教育学院苏泽庭、周波、袁国方、朱时宏赴华东师范大学调研，其间向华东师范大学教育学部主任、终身教授袁振国进行改制工作咨询，商议与华东师范大学教育学部建立战略合作关系，依托华东师范大学教育学部，围绕人才培养、课程教学资源开发等开展合作。

11月2日，时任宁波市委教育工委书记朱达、宁波市教育局副局长舒月明、办公室主任蒋和法、计财处处长周才登一行来宁波教育学院调研。朱达书记对宁波教育学院的改制工作提出具体要求。宁波教育学院领导、部分中层领导陪同调研。

11月9—12日，宁波教育学院苏泽庭、张克勤、郑庆文、章涵恺赴唐山参加由中国教育装备行业协会和唐山市人民政府联合主办的"2017中国学前教育峰会暨中国学前教育用品博览会"。

11月13日，宁波教育学院苏泽庭带队赴北京师范大学调研，咨询并听取北京师范大学原副校长林崇德教授、北京市人大常委会副主任庞丽娟教授改制转设为幼儿师范院校的意见。

11月23日，宁波教育学院苏泽庭、周波、袁国方、黄志兵一行，向时任宁波市委教育工委书记朱达、时任宁波市教育局局长黄志明汇报调研情况，市教育局明确学校校址为杭州湾新区金溪西路（原宁波TAFE学院），并探讨下一步工作安排。

11月23日，学校召开改制情况通报会，学校党委书记苏泽庭从改制的进展、改制的下步工作和改制的几点希望等方面，向全校中层干部和党员教职工进行了党内通报。校领导、中层干部、改制办成员、学校党员教职工出席会议。

11月30日—12月1日,宁波教育学院苏泽庭、周波、袁国方、朱时宏、邱康乐、冯丽娜等赴南京师范大学、徐州幼儿师范高等专科学校、贵州师范学院、贵阳幼儿师范高等专科学校、广西教育学院等校调研合作办学、专家咨询、专业建设、机构设置、办学定位、师资队伍建设、实习实训实验室等。

12月1日,宁波教育局召开市委教育工委第16次会议(局长办公会议);会上同意将原宁波TAFE学院校区(总用地面积487.4亩)划拨给宁波教育学院使用。以上决定在中共宁波市委教育工委会议纪要〔2017〕第16期中明确。

12月6日,学校党委书记苏泽庭向时任宁波市政协副主席张明华汇报宁波教育学院改制工作的有关情况。

12月7日,宁波教育学院苏泽庭、周波、黄志兵向时任宁波市政府副秘书长王建云、宁波市政府办公厅教卫处处长钱鸣燕汇报调研情况,王建云对改制工作提出了指导性意见建议。

12月7日,宁波教育学院苏泽庭、朱时宏与时任杭州湾管委会副主任宓永波商讨杭州湾校区事宜。

12月8日,宁波教育学院苏泽庭、赵建华、黄和林、朱时宏与教育部学校规划建设发展中心培训负责人、中国现代教育研修中心教育部主任答邦崎就教师培训项目进行了商讨。

12月18日,宁波教育学院苏泽庭、朱时宏向时任浙江省教育厅副厅长于永明汇报宁波教育学院改制工作的有关情况汇报,重点就前期调研成果、校名和招生指标等提出建议。

12月18日,学校召开改制情况通报会,宣读宁波市教育局会议纪要中关于学校改制工作的内容,并通报近期工作进展以及下一步工作进展。校领导、中层及以上干部,教代会主席团成员,党总支(支部)委员,各分工会负责人,民主党派负责人,改制办全体成员出席会议。

12月19日,学校召开党委会、党政联席会议,研讨学校专业设置规划、师资队伍建设规划。校领导班子、改制办全体成员出席会议。

2018年

1月3日,宁波教育学院向宁波市教育局递交改制转型申请材料。

1月6日,宁波教育学院苏泽庭、袁国方、朱时宏、冯丽娜赴北京参加专家论证会,会上邀请了北京师范大学教授、博士生导师刘焱,南京师范大学教授、博士生导师顾荣芳,教育部学校规划建设发展中心党总支委员兼中小学教育装备协会秘书长张海昕,中国教育报刊社主编、编审刘华蓉博士,北京教育科学研究院早期教育研究所所长苏婧等专家。专家充分肯定了前期改制工作取得的成果,认为改制工作思路清晰、调研充分、论证严密,并就专业建设、人才培养目标等问题提出了意见。

1月10日,学校党委书记苏泽庭赴浙江省发展和改革委员会专题汇报学校改制工作,并向时任浙江省副省长成岳冲作非正式汇报。

1月12日,时任宁波市副市长许亚南来宁波教育学院视察调研。许亚南对宁波教育学院改制工作提出具体要求。时任宁波市教育局局长黄志明对学校办学定位策略、转型发展、改制前期工作等给予高度赞赏,表示将全力支持学校改制发展工作。宁波教育学院全体领导班子成员及有关部门负责人参加调研座谈。

1月17日,时任宁波市教育局局长黄志明、学校党委书记苏泽庭向时任浙江省教育厅厅长郭华巍专题汇报学校改制工作,征得了省教育厅的支持。时任宁波市教育局副局长胡赤弟、高教处处长董刚,宁波教育学院黄志兵随同参加。

1月20日,时任宁波市教育局局长黄志明、学校党委书记苏泽庭赴教育部专题汇报学校改制工作,征得了时任教育部教师工作司司长王定华、时任教育部教育发展研究中心主任陈子季的支持。时任宁波市教育局副局长胡赤弟、高教处处长董刚,宁波教育学院袁国方、朱时宏随同参加。

1月22日,学校召开改制推进会研讨分解改制工作任务。校领导、各学院(部门)负责人出席会议。

2—3月,学校改制办准备好迎检材料,完成自评报告,迎接专家的检查评估。

3月8日,时任宁波市政府副秘书长王建云一行来宁波教育学院视察调研,宁波教育学院全体校领导、相关部门负责人、改制办全体成员陪同调研。王建云对学校办学定位、转型发展、改制前期工作等给予肯定,并表示将全力支持学校改制发展工作。

3月19日，时任宁波市政协党组副书记、副主席郁伟年等一行7人来宁波教育学院视察调研，宁波教育学院全体校领导、相关部门负责人、改制办全体成员陪同调研。郁伟年对学校办学定位、转型发展、改制前期工作等给予肯定，并对宁波教育学院下一阶段发展提出相关建议。

4月12日，宁波教育学院苏泽庭、袁国方、朱时宏与杭州湾新区政府接洽人事、交通管理、政校项目合作等工作。

4月13日，学校召开双代会，就学校改制方案广泛听取代表意见与建议，进一步优化改制方案，提升改制工作的可行性和可操作性。学校领导班子、正式代表、列席代表、特邀代表共80余人出席大会。

5月9日，宁波教育学院苏泽庭、柳国梁、赵建华、朱时宏赴北京考察交流，与教育部学校规划建设发展中心研商共建儿童研究院事宜。

5月14日，学校改制办完成搬迁工作方案并报送宁波市教育局。

5月16日，时任宁波市副市长许亚南主持召开市政府专题会议，研究了原宁波TAFE学院建设项目资产划转有关事宜。会议指出建设项目的整体规模及功能布局，与宁波教育学院转型为全日制普通高校的办学要求基本匹配；各有关部门和单位要加强支持配合，协同做好相关资产划转工作；转型后的宁波教育学院主校区迁至宁波杭州湾新区。

5月31日，时任宁波市杭州湾新区党工委书记俞雷做关于杭州湾新区发展的形势政策报告。俞雷从区位交通、规划功能布局、发展定位与目标、新区发展历程、成立八年来的成绩等方面介绍了杭州湾新区基本情况；并从产业梦、创新梦、城市梦、文化梦、品质梦等方面介绍杭州湾新区的现在和将来。学校领导班子成员、中层以上干部、副高级及以上专业技术人员、民主党派负责人、教代会主席团成员参加会议。

6月6日，学校召开改制工作通报会，大会由校长周波主持，学院党委书记苏泽庭通报改制工作。学校领导班子成员、中层以上干部、副高级以上专业技术人员、学生党支部书记、民主党派负责人、教代会主席团成员与会。

6月14日，学校召开杭州湾校区搬迁工作领导小组会议，校长周波主持会议，搬迁工作主要部门就近期搬迁工作进行了具体汇报。搬迁工作领导小组全体成员参会。

7月2日,宁波市教育局向宁波市人民政府正式请示学校改制。宁波市教育局印发文件《宁波市教育局关于要求同意宁波教育学院转型为普通高等学校的请示》(甬〔2018〕213号)。

7月3日,学校召开搬迁工作思想动员大会,党委书记苏泽庭作讲话,全体教职工参会。

7月4日,宁波教育学院苏泽庭、周波、袁国方、朱时宏、马建强等与原宁波TAFE学院交接。

7月10日,委托浙江新视野教育文化研究院,开展重大事项风险评估,并完成《关于宁波教育学院改制的决策风险评估报告》。

7月31日,宁波市人民政府正式向浙江省人民政府请示改制。宁波市人民政府印发文件《关于要求批准宁波教育学院转型并更名的请示》(甬政〔2018〕68号)。

9月19日,时任宁波市委教育工委书记朱达、市财政局局长叶双猛来宁波教育学院考察,就宁波教育学院环城校区的保留问题作讨论。学校党委书记苏泽庭作《发挥优势 服务地方 推进学校全面发展》的汇报,最后决定保留环城校区用于学校开展教师培训。

9月20日,学院党委书记苏泽庭向时任宁波市委常委、宣传部部长万亚伟作《攻坚克难 改革创新 推进学校改制转型发展》的汇报。

10月10日,教育部学校规划建设发展中心与宁波教育学院战略合作签约仪式暨杭州湾新校区启用庆典举行。时任宁波市人大常委会副主任、杭州湾新区党工委书记俞雷宣布新校区启用。杭州湾校区的启用为宁波教育学院改制转型翻开了具有历史意义的新一页,为推进学校的改革发展开启了实现历史性飞跃的新征程。教育部学校规划建设发展中心、中国现代教育研修中心副主任张海昕与校长周波共同签署了战略合作共建儿童研究院协议。中国教育后勤协会第一届常务副会长张文忠,教育部学校规划建设发展中心、中国现代教育研修中心副主任张海昕,时任宁波市人大常委会副主任、杭州湾新区党工委书记俞雷,时任宁波市政府副秘书长王建云,时任宁波市委教育工委副书记、宁波市教育局局长黄志明,南京师范大学教授、博士生导师顾荣芳等领导和嘉宾,县(市)区教师进修学校校长、合作学校领导、市部分幼儿园名优园长代表,以及宁波教育学院全体教职工,和首批新校区入住学生约1500人,共同见证学校发展史上具有里程碑意义的辉煌时刻。

11月11日,由时任宁波市政协教文卫体委主任赵惠峰等一行十人组成的调研组来到宁波教育学院杭州湾校区针对"产教融合、校企合作"情况进行专题调研。调研组一行实地考察了教学实训楼以及二期工地建设现场,详细了解学校的发展现状及二期在建项目的建设进度。学校党委书记苏泽庭汇报了学校的基本情况,围绕五个"新"汇报了近期学校在谋划发展、教育质量、社会服务、形象提升、教育合作等方面做出的成绩,并对学院改制转型的总体设计进行了详细的解读。

11月23日,学院召开育才校区资源整合动员大会。学校党委书记苏泽庭就此次育才校区资源整合的背景、含义作解释说明,并提出三个希望:提高站位,树立大局为重的意识;增强使命感,树立艰苦创业的意识;筑牢防线,树立安全至上的意识。

12月3日,学校党委书记苏泽庭、校长周波出席了由教育部学校规划建设发展中心、中国现代教育研修中心主办的2018"未来学校"博览会。博览会期间,教育部学校规划建设发展中心和宁波教育学院签署了共建"儿童研究院"合作协议,并正式揭牌儿童研究院。这是继重庆第二师范学院之后,教育部学校规划建设发展中心和高校合作共建的全国第二家儿童研究院。

12月17—18日,省教育厅专家对宁波教育学院改制工作进行评估。省评估专家组通过实地考察、听取工作报告、查阅资料等方式对学校改制转型进行了评议,并对评估结果进行了反馈。

2019年

3月20日,时任教育部学校规划建设发展中心主任陈锋一行调研宁波教育学院,对宁波教育学院的办学成效给予充分肯定。

3月27日,浙江省人民政府印发《浙江省人民政府关于宁波教育学院改制设立为宁波幼儿师范高等专科学校的批复》(浙政函〔2019〕34号),同意宁波教育学院改制设立为宁波幼儿师范高等专科学校。

5月22日,时任教育部学校规划建设发展中心主任陈锋一行来校正式启动儿童研究院。

5月22日,《教育部办公厅关于公布实施专科教育高等学校备案名单的函》(教发厅函〔2019〕64号),公布省级人民政府审批新设、更名、合并调整的专科层次高等学校备案名单。至此,学校正式改制转设为"宁波幼儿师范高等专科学校"。

9月17日,学校党委书记苏泽庭与上海师范大学党委书记林在勇就两校积极推动沪甬教育合作进行研商。宁波幼儿师范高等专科学校与上海师范大学签署战略合作框架协议,并就学校发展战略、学前专业建设、协同创新发展与国际交流合作展开交流。

11月5日,时任宁波市委教育工委书记朱达到宁波幼儿师范高等专科学校调研二期项目建设,了解二期项目建设的施工进度安排、功能利用等情况。

11月26日,时任浙江省副省长成岳冲来宁波幼儿师范高等专科学校视察调研改制转型工作,时任宁波市副市长许亚南,时任宁波市人大常委会副主任、宁波杭州湾新区管委会党工委书记俞雷,学校党委书记苏泽庭、校长陈星达陪同调研。

12月21日,宁波教育学院改制成立宁波幼儿师范高等专科学校暨建校60周年纪念大会在杭州湾校区大剧院隆重举行。

后　记

在本书成稿之际,衷心感谢各级领导、专家对学校改制转型工作的关心指导和大力支持。

感谢时任教育部科学技术司司长雷朝滋,时任教育部教师工作司司长王定华,时任教育部教师工作司司长任友群,时任教育部职成教司司长陈子季,时任教育部民族教育发展中心主任郭岩,时任教育部学校规划建设发展中心主任陈锋,时任教育部发展规划司院校设置和综合业务处处长于洋,时任浙江省副省长成岳冲,时任浙江省教育厅厅长郭华巍、副厅长于永明,时任宁波市副市长许亚南,时任宁波市教育局党委书记局长沈剑光,时任宁波市委教育工委书记朱达,时任宁波市教育局局长黄志明,省教育厅职成教处处长陈达等领导对学校改制工作的指导与支持!

感谢北京师范大学原副校长林崇德博士,北京师范大学教授、博士生导师刘焱,南京师范大学教授、博士生导师顾荣芳,教育部学校规划建设发展中心党总支委员兼中小学教育装备协会秘书长张海昕,中国教育报刊社主编、编审刘华蓉博士,北京教育科学研究院早期教育研究所所长苏婧等专家对改制过程中的专业建设、人才培养目标等问题提出的宝贵意见和建议。感谢华东师范大学教育学部袁振国教授对学校改制工作以及对本书写作的指导,也要感谢我的老师曹屯裕先生。

同时,也感谢为学校改制做出贡献的那些无名英雄!

本书是一项集体智慧的结晶,凝聚着宁波教育学院数代人的心血和智慧,得到了市政府等相关部门和社会各界在诸多方面的大力支持。学校领导班子带领改制转型工作组的成员反复进行调研,多方征求意见,夜以继日做好改制转型以及学校后续发展的顶层设计工作,更是与全校师生从一项项任务做起,顺利完成了改制转型工作。改制转型的过程是学校创新发展的过程,也见证着全校师生的支持、努力和汗水。

学校改制转型是宁波市甚至浙江省高等教育发展的一件大事,是宁波教育学院发展历史上的一件大事,开拓了学校的办学前景,开启了学校办学的新篇章。这不仅是一次转型,也是历史的必然选择。为记录这一历史性阶段,把改制转型的成功经验梳理、积累下来,也为其他面临同样境况的学校提供借鉴,同样也为学校以后的升本等再次转型发展或更多次的转型发展提供经验,我们在学校改制转型实践的基础上,从理论和实践两个维度对成人高校改制转型的过程进行梳理,具体分工如下。绪论和第一章由本人和闫艳负责撰写;第二章由王雁茹负责撰写;第三章由魏佳佳、朱时宏负责撰写;第四章由黄志兵、魏晖负责撰写;第五章由刘海、岑宁负责撰写;总结部分由黄志兵、张澜负责撰写。本人主持了全书框架拟定、文字修改及统筹协调工作,陈国明对全书的撰写和修改进行了指导,闫艳对全书进行了统稿,闫艳、岑宁对全书进行了审校。

尽管书稿梳理和撰写组付出了努力,但是距离我们的期望还有一定差距,也不足以反映出改制转型的艰辛。这是一项开创性、探索性的工作,在理论研究、学术探索和体系建构上还存在诸多不足,我们深感不安,不当之处,还请各位同仁批评指正,也期待有更多同仁关注和研究高校的改制转型,一起为新时代的高等教育发展做出更大贡献!

苏泽庭

2023 年 10 月 24 日